CHRISTIAN W. HOFSTÄTTER

GARNELEN & KREBSE

KOSMOS

Thema **Garnelen und Krebse** 4

Faszination Garnelen und Krebse 6
Biotoptypen 7
Zoologisches System 10
Garnelen 12
Zwerggarnelen 12
Beliebte Pfleglinge 12
Fächergarnelen 16
Fächer, Borsten und Radar 16
Langarmgarnelen 18
Die längsten Arme der Aquaristik 18
Porträt Zwerggarnelen 22
Porträt Fächergarnelen 32
Porträt Langarmgarnelen 36
Krebse 38
Krebse des Nordens 38
Der Formenwandel 40
Krebse des Südens 40
Fortpflanzung mit Hindernissen 41
Porträt Krebse des Nordens 42
Porträt Krebse des Südens 46

Thema **Das Aquarium** 54

Welches Aquarium darf es sein? 57
Filtertechnik 61
Der Hamburger Mattenfilter 62
Strömung im Becken 63
Wanderungen von Garnelen und Krebsen 64
Beleuchtung und Heizung 65
Wasserpflanzen 66
Krebstiere kaufen 68
Eingewöhnung, aber wie? 70
Vergesellschaftung 72

Thema **Wasser** 74

Lebenselixier Wasser 76
Wasserwerte 76
Der digitale Leitwertmesser 78
Wasserchemie 79
Salze des Süßwassers 79
Gesamthärte – Karbonathärte 79
Säuregrade 80
Was ist ein Nitritpeak? 81

Thema **Fütterung** 82

Artgerechte Ernährung 84
Ein MUSS: Getrocknetes Laub 85
Trockenfutter 86
Tierisches Frostfutter 86
Pflanzliches Frostfutter 87
Nagerpellets 88
Kannibalismus 89

Thema **Gesundheit** 90

Gesunde Krebstiere 90
Seemandelbaumblätter & Co. 93
Planarien 94
Die Häutung 96

Thema **Fortpflanzung und Zucht** 98

Paarung und Eiablage 100
Eientwicklung und Brutpflege 102
Lebenserwartung 104
Entwicklungsstadien marin entwickelnder Garnelen 106
Futter für die Aufzucht mariner Larvenstadien 106
Erfolgreiche Garnelenzucht 108
Erfolgreich Krebse züchten 113
Versand von Krebsen & Co. 117

Thema **Service** 118

Glossar 118
Zum Weiterlesen und Weiterklicken 119
Adressen 119
Register 120
Impressum 124

▸ Faszination Garnelen und Krebse *6*

▸ Biotoptypen *7*

▸ Zoologisches System *10*

▸ Thema Garnelen *12*

▸ Thema Krebse *38*

THEMA

GARNELEN UND KREBSE

Dieses Prachtexemplar von *Procambarus manningi* ist ein Blickfang im Aquarium.

Die exotischen Eroberer

Keiner anderen Tiergruppe ist es in so kurzer Zeit gelungen, sich ins Rampenlicht der Aquaristik zu stellen. Selbst der Wasserwelt Fernstehende sind von der Einzigartigkeit der Krebstiere, ihrer Körperform, der rudernden und schreitenden Fortbewegung, ihrer äußerst interessanten Brutbiologie und nicht zuletzt von der außerordentlichen Farbenpracht fasziniert. Hilfreiche und weiterführende Informationen zu bekommen ist aufgrund des sehr jungen Hobbys immer noch schwierig, auch deshalb, weil sich die Informationen in Aquaristikzeitschriften und auf vielen privaten Internetseiten teilweise widersprechen.

Der Laie steht nach erster Durchsicht verfügbarer Literatur oftmals ratloser da als zuvor. Leider muss man ganz nüchtern feststellen, dass jahrzehntelange Erfahrungen im Ziergarnelenbereich, wie sie für die meisten Zierfischarten vorliegen, schlicht und einfach nicht vorhanden sind. Dies liegt natürlich auch daran, dass sich bisher wesentlich weniger Menschen mit Wirbellosen beschäftigen als mit Zierfischen. Besser sieht es für die Krebsfreunde aus, da diese Tiergruppe eine wichtige kommerzielle Bedeutung in der Speisekrebszucht einnimmt und viele dieser Arten auch im Hobby gepflegt werden. Wem englischsprachige Fachliteratur nicht fremd

Red Cherry (oben) und Orangenzwergkrebs (unten) können zusammen mit kleinen Zierfischen gepflegt werden.

ist, kommt an eine wahre Fundgrube jahrzehntelanger Forschungsarbeit von Universitäten und Zuchtfarmen. Es sind also Eigeninitiative und Pioniergeist angebracht.

Biotoptypen

Viele Aquarianer haben bis heute eine völlig falsche Vorstellung von der Beschaffenheit vieler Ursprungsbiotope unserer Zierfische und Wirbellosen. Wer das Glück hatte, während einer Urlaubsreise in eines der meist tropischen oder subtropischen Vorkommensgebiete zu reisen, wird beim Schnorcheln und Keschern in den Tümpeln und Bächen über die Pflanzenarmut überrascht gewesen sein. Meist herrschen Sandbänke und Totholzbestände vor.

Bei Niedrigwasser wird der Lebensbereich der Krebstiere extrem eingeschränkt.

Bei Trockenheit oder Nahrungsmangel wandern die Tiere auch über Land zu neuen Habitaten.

Durch die saisonalen Schwankungen des Wasserspiegels (Trockenzeit–Regenzeit) werden ganze Uferabschnitte samt Bäumen, Geäst und Wurzeln mitgerissen und lagern sich bei sinkenden Wasserständen wieder ab. Diese stellen dann hervorragende Unterschlupf-, Ruhe-, Laich- und Weidezonen dar. Aquatische Organismen müssen in der Trockenzeit, in der die sonst häufigen Regen-

Der gleiche Fluss in der Regenzeit: reißend, schlammig und gefährlich für seine Bewohner.

schauer ausbleiben und die Gewässer austrocknen, mit extremen Lebensbedingungen zurechtkommen (Sauerstoffmangel, extreme Wassertemperaturen, hohe Belastung des Wassers mit Huminstoffen durch Falllaub). Andererseits kann während der Regenzeit durch häufige und heftige Regenschauer der Wasserstand innerhalb von Minuten um einige Meter steigen. Klare, dahinplätschernde Bäche entwickeln sich plötzlich zu reißenden, vom mitgerissenen Ufergrund braun gefärbten Fluten. Falls Sie einen Krebs der Gattung *Cherax sp.* aus den Bergflüssen Neuguineas oder etwa eine Langarmgarnele der Gattung *Macrobrachium carcinus* aus den flachen und schnell fließenden Bächen in den Küstenregionen Venezuelas artgerecht halten wollen, sollten Sie auf Wasserpflanzen gänzlich verzichten. Kies, Steinaufbauten, Moorkienholz und Laub sind hier die erste Wahl.

Taxonomie und Namensgebung

Bisher ist es noch nicht gelungen, den Artbegriff für alle Bereiche der Biologie gleich zu gestalten, stattdessen gibt es sogenannte Artkonzepte. Wichtig für Sie ist nur, in diesem Zusammenhang zu wissen, dass eine Art alle Lebewesen umfasst, die sich unter natürlichen Bedingungen untereinander fortpflanzen und fruchtbare Nachkommen zeugen.
Die Wissenschaft bezeichnet gültige Arten mit zwei lateinischen Namen. Der erste bezeichnet die Gattung, der zweite die Art, wie beispielsweise bei *Atya gabonensis*. Ist die Gattung soweit bekannt, aber der Artname noch ungewiss, wird sie mit *sp.* oder *spec.* bezeichnet, abgekürzt aus dem lateinischen *species*, die Art *(z.B. Caridina spec.)*.
Die exakte Identifizierung bis auf Artebene ist bei vielen Krebsen oder Garnelen nur erfahrenen Fachleuten möglich, bei kleineren Arten wie Zwerggarnelen auch nur unter Zuhilfenahme von Präparierbesteck und Mikroskop. Allerdings stellt sich auch hier wieder die Frage, ob eine rein mikroskopische Untersuchung allein für die Bestimmung einer Art ausreicht.
Da die genaue Identifizierung im Gegensatz zu Fischen sehr schwierig ist, hilft man sich seit einiger Zeit in der Wirbellosenszene auch mit Identifikationsnummern, ähnlich wie bei den Welsen mit den L-Nummern. Abgekürzt werden beispielweise Zwerggarnelen mit A für *Atyidae* und einer Nummer (z.B. hat die Weißperlengarnele zurzeit den Identifikationscode A22). Die Vergabe von Identifikationsnummern hat keinen wissenschaftlichen Hintergrund, sie dient lediglich der Vereinfachung im Zuge von Publikationen. Bei Krebsen ist der Gattungsname recht einfach aufgrund der Größe der Tiere und deren morphologischen Besonderheiten zu klären.

Die Crystal Red ist noch nicht genau bestimmt und wird vorläufig mit Caridina cf. cantonensis bezeichnet.

INFO

Was heißt eigentlich ssp., spec., ...?

- **SP.:** *species* – die Art. Eine noch nicht bestimmte Art.
- **SP. AFF.:** *species affinis* – verwandte, ähnliche Art. Eine unbestimmte Art, die aber einer bekannten Art sehr ähnelt.
- **SSP.:** *subspecies* – Unterart. Population unterscheidet sich äußerlich, gehört genetisch jedoch zur gleichen Art.
- **CF.:** *conferre* – vergleichbar. Exemplar weicht in einigen Details von der Originalbeschreibung ab, aber nicht so gravierend, dass es sich um eine eigene Art handelt.
- **VAR.:** *varius* – Variante. Individuelle Abweichungen in der Färbung, die aber nicht geographisch fixiert werden können.

Die Crystal Red ist die populärste Zwerggarnele, sie lässt sich einfach pflegen und züchten.

Zwerggarnelen

Beliebte Pfleglinge

Die Gruppe der Zwerggarnelen gehört zu den populärsten Vertretern innerhalb der Wirbellosen-Aquaristik. Die Vielfalt der meist nicht mehr als 20–40 mm Gesamtlänge erreichenden Zwerggarnelen ist kaum noch überschaubar, auch weil ständig neue Arten nach Deutschland kommen. Gerade aus dem kaum erforschten Indonesien und Festland-China sind noch viele Überraschungen möglich.

Die Gattungen

Welche aquaristisch wichtigen Gattungen fallen nun aber unter den Begriff der sogenannten Zwerggarnelen? Wir unterscheiden bei den handelsüblichen und für uns Aquarianer interessanten Arten zwei Gattungen:

DIE CARIDINA, die zurzeit auf ca. 180–200 Arten geschätzt werden. Geschätzt deshalb, weil die Taxonomie auf diesem Gebiet noch sehr im Umbruch ist. Das Verbreitungsgebiet der Caridinen umfasst unter anderem Fest-

Die Grüne Zwerggarnele stammt aus Indien und variiert in der Färbung von gelb über grün bis bräunlich.

Die Weißperlengarnele wird auch White Pearl genannt und ist ideal für Anfänger.

land-China, Afrika, den indischen Subkontinent, Indonesien, Neuguinea und Australien. Bekannte Arten der genannten Gebiete sind Bienen-, Tiger- und Hummelgarnele.

DIE NEOCARIDINA, deren Verbreitung sich auf Südchina, Japan und Korea begrenzt. Die wohl am häufigsten gehaltene Art ist die „Redfire". Diese wird auch Invasionsgarnele genannt, da sie sich, einmal heimisch, schnell ausbreitet und sehr hohe Bestandsdichten erreicht. Aus einer farblosen Variante ist erst in jüngster Zeit die „Weißperlengarnele" herausgezüchtet worden.

Wie unterscheiden?

Rein morphologisch betrachtet, können wir nur mittels Mikroskop und Präparationsbesteck die Gattungen gegeneinander abgrenzen. Das wichtigste Merkmal zur Unterscheidung der Gattung *Neocaridina* sind die männlichen Endopoditen (innere Endäste) der ersten Pleopoden (Schwimmbeine). Diese sind von charakteristischer runder bis birnenförmiger Gestalt. Die Gattung *Caridina* besitzt hier lediglich längliche, lanzettförmige Endopoden. Darüber hinaus findet man bei einigen Arten der Gattung *Neocaridina* auch einen stark ausgebildeten Stachel am Pterygostomialwinkel, der sich am vorderen Carapax befindet und sogar mit einer guten Lupe sichtbar wird.

Die Redfire ist sehr gut geeignet für Gesellschaftsbecken.

Die Bienengarnele hat ihren Namen von der deutlichen, schwarz-weißen Streifung.

Handelsübliche Arten

Im Zoofachhandel können wir gegenwärtig aus einer Vielzahl von Zwerggarnelenarten die passende für unser Aquarium aussuchen. Falls Ihr Händler um die Ecke den Trend Wirbellosenhaltung verschlafen haben sollte, machen Sie ihn doch einfach darauf aufmerksam, dass es noch mehr gibt als „nur" Zierfische. Es lohnt sich auch, im Internet nach Züchtern und Haltern zu suchen, hier kann man viele seltene und im Fachhandel nicht erhältliche Garnelen finden.

REDFIRE, die auch Red Cherry Garnelen oder Invasionsgarnelen genannt werden, sind hübsch und klein bleibend. Sie eignen sich für alle Gesellschaftsbecken mit Friedfischbesatz sehr gut, da sie anspruchslos und sehr produktiv sind.

WHITE PEARL und **BLUE PEARL**, ebenso schnellwüchsig wie produktiv, sind ideal für Anfänger.

HUMMELGARNELEN, eine intensiv gebänderte Art, stammen hauptsächlich aus Importen, da die Zucht nicht sehr produktiv ist. Die Tiere benötigen keine Heizung, da sie aus den nördlicheren Gebieten Chinas stammen und damit subtropischen Ursprungs sind.

BIENENGARNELEN werden relativ selten im Zoofachhandel angeboten. Dies liegt daran, dass die Nachzuchten aus Asien sehr schnell von japanischen Großhändlern (geographische Nähe) aufgekauft werden.

Die Amanogarnele ist wegen ihrer feinen Musterung bei Aquarianern besonders beliebt.

CRYSTAL RED, auch Rote Bienengarnelen genannt, sind die Königinnen unter den Zwerggarnelen. Bedauerlicherweise findet man sie nur unregelmäßig im Zoofachhandel, es werden leider noch nicht genügend Tiere nachgezogen.

GRÜNE ZWERGGARNELEN stammen aus Indien und sind intensiv grün gefärbte Garnelen, die höhere Temperaturen bevorzugen. Da nachgezüchtete junge Garnelen nur langsam heranwachsen, sind die Tiere recht hoch im Preis.

ROTE NASHORNGARNELEN sind ebenfalls eine aus Indien exportierte Art, bei der die weiblichen Tiere ständig Eier tragen, diese sich aber aufgrund der marinen Phase der Larven nicht im Süßwasser weiterentwickeln. Achten Sie beim Kauf auf einen durchscheinenden Körper, denn diese Tiere sind gesund!

AMANO-GARNELEN sind die erste handelsrelevante Art, die nach Deutschland importiert wurde. Sie wurden bekannt und weltberühmt durch den Fotografen Takashi Amano, der die Garnelen in seinen Naturaquarien als Algenvertilger einsetzte.

Dazu kommen noch eine Reihe von unbekannten Arten, Unterarten und Farbmorphen, die als Beifänge ständig in den Becken der Händler zu finden sind. Diese aufzuzählen würde aber den Rahmen des Buches sprengen.

Die Fächergarnele Atya gabonensis **fängt mit ihren Fächern feine Nahrungsteilchen aus dem Wasser.**

INFO

Hilfe, die Garnelen spielen verrückt
Ab und an kann im Becken beobachtet werden, dass eine gewisse Anzahl von Tieren wie wild durch das Aquarium schwimmen, andere bleiben völlig regungslos am Bodengrund oder an Pflanzen hängend stehen. Dieses Symptom tritt immer dann auf, wenn frisch gehäutete weibliche Garnelen Pheromone an ihre Umgebung abgeben. Dabei handelt es sich um eine Mischung des Ecdyson, des Häutungshormons, und eines speziellen Sexuallockstoffs. Hintergrund ist, dass weibliche Garnelen häufig erst kurz nach der Häutung zur Paarung bereit werden. Die Männchen folgen den Duftspuren, um sich mit den Weibchen zu paaren (◉ S. 100).

Fächergarnelen

Fächer, Borsten und Radar

Die Gattung *Atya* (Borstenhandgarnelen) umfasst zurzeit etwa 13 Arten, von denen jedoch für die Aquaristik nur etwa vier bis fünf Arten relevant sind. Man findet Vertreter der Gattung an der pazifischen und atlanti-

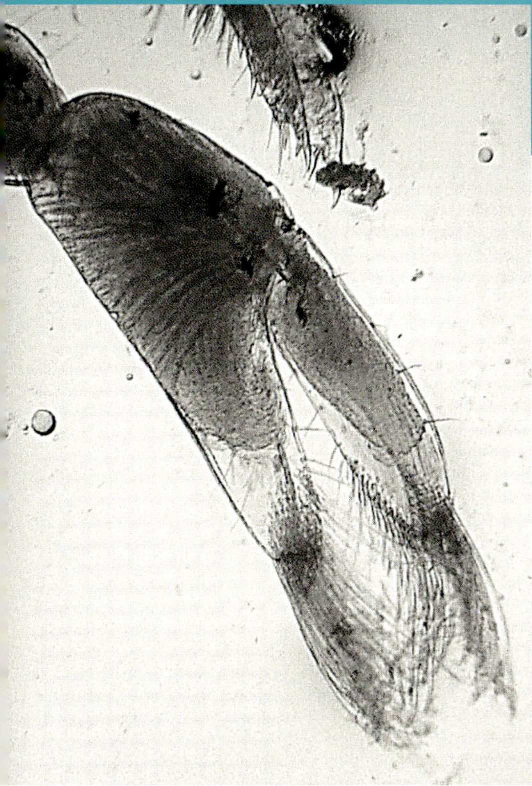

Mit feinen Borsten auf den Endopoditen werden Nahrungspartikel den Mundwerkzeugen zugeführt.

schen Seite Amerikas, Westafrikas und Australiens. Die einzige handelsübliche Gattung aus Südostasien stellt *Atyopsis* dar. Fächergarnelen, auch Radar- bzw. Borstenhandgarnelen genannt, sind äußerst friedlich und eignen sich für fast jeden Aquarienbesatz. Der Name rührt von den schirmförmig ausgebildeten ersten beiden Beinpaaren her, mit deren Hilfe tierisches und pflanzliches Plankton und Kleinstlebewesen aus dem meist stark strömenden Wasser der Heimatbäche gefiltert wird. Durch feine Rezeptorhaare, die auf den einzelnen „Borsten" der Fangschirme sitzen, wird die Nahrung auf Verwertbarkeit geprüft und den Mundwerkzeugen durch Abstreifen der Nahrungspartikel zugeführt.

Angepasste Filtrierer

Da Fächergarnelen meist aus schnell strömenden Gewässern stammen, ist ihre Erscheinungsform (Habitus) in idealer Weise durch sehr starke Gliedmaßen und ihre torpedoförmige Gestalt an diese Bedingungen angepasst – denn die Garnele hat durch den geöffneten Fangschirm zusätzlich mehr Angriffsfläche für die Wasserbewegungen. Das Becken sollte aufgrund der spezialisierten Ernährungsweise immer eine Strömung aufweisen. Diese muss nicht unbedingt sehr stark sein, sollte jedoch die Nahrungspartikel im Wasser transportieren. Wenn Sie Fächergarnelen vorfinden, die den Bodengrund mit den Borstenfächern durchpflügen, sollten Sie vermehrt füttern und/oder für stärkere Strömung sorgen. Als Futter eignen sich fein zerdrückte Spirulinaflocken, kleines Lebendfutter wie Wasserflöhe und Frostfutter aller Art.

Fächergarnelen im Zoofachhandel

Die Auswahl der in den Zoofachgeschäften verkauften Fächergarnelen aus der Familie der Atyidae ist recht überschaubar und die Verfügbarkeit sehr gut. Aufgrund des „ursprünglichen Vermehrungstyps" (Larven mit frei schwimmendem Stadium in Meerwasser) werden aber bislang nur Wildfänge angeboten.

DIE AFRIKANERIN Die am häufigsten angebotene Art dürfte die als „Blaue Monsterfächergarnele" bekannte *Atya gabonensis* sein, die aus Westafrika und der atlantischen bzw. karibischen Seite Südamerikas stammt. Die Art kann eine Gesamtlänge von bis zu 180 mm erreichen, meist jedoch nur 100–150 mm, und ist vom Habitus her äußerst robust. Die Färbungsvariabilität ist, wie bei übrigens allen Fächergarnelen, sehr groß. Sie

Atya gabonensis **wird auch als** *A. margaritacea* **bezeichnet, hier ein Jungtier der Art.**

hängt von Herkunftsort, Größe, Futtertypus, Wasserchemismus etc. ab und ist auch stimmungsabhängig. Es werden blaue, weiße, braune und gefleckte Tiere, sowie Garnelen mit einer Mischung aus diesen Färbungen gefunden. Die Art kann aufgrund ihrer Robustheit auch mit größeren Fischen vergesellschaftet werden.

DIE ASIATINNEN weitere, sehr häufig eingeführte Arten sind *Atyopsis moluccensis*, die im Handel unter Bergwasser- oder Steingarnele verkauft wird, und die erst kürzlich in größeren Stückzahlen eingeführte Sulawesi-Fächergarnele *A. pilipes* zu nennen. Die Arten sind bei Weitem nicht so klobig wie die Monsterfächergarnele und bleiben mit 50–90 mm auch weitaus kleiner. Fast immer sind die interessanten Tiere längs gestreift (grazile rötliche bzw. grünliche Streifen) oder haben ein sehr feines „Scheckenmuster". Auch hier ist die Färbungsvariabilität enorm. Die Ansprüche sind fast identisch mit der von *Atya gabonensis*, bei der Vergesellschaftung sollte man bei dieser Art auf zu ruppige Fische jedoch verzichten.

DIE SÜDAMERIKANERIN Relativ selten wird *Atya scabra* (Synonym: *A. margaritacea*) eingeführt. Diese Art ist besonders durch ihr häufig anzutreffendes schwärzlich-weißes Zebramuster sehr ansprechend. Allerdings werden Sie im Zoofachhandel nur äußerst selten das Glück haben, diese wunderschöne Art erwerben zu können, da bislang nur aus Beifängen mitimportiert wurde.

Eine südamerikanische Langarmgarnele ist in ihrem natürlichen Habitat gut getarnt.

Langarmgarnelen

Die längsten Arme der Aquaristik

Die Gattung *Macrobrachium* stellt mit weit über 200 Arten die häufigsten Vertreter aus der Familie der *Palaemonidae*. Wegen der Fülle der Arten muss eine Auswahl getroffen werden, daher werde ich hier nur auf diese Gattung eingehen und auch nur auf die für die Aquaristik relevanten Vertreter, die kommerziell angeboten werden.

Wie unterscheiden wir nun aber die Garnelen der Familie Atyidae von denen der Palaemonidae? Ein untrügliches Zeichen ist ihr Habitus, der in vielen Punkten abweicht: Im Gegensatz zu den Vertretern der Fächergarnelen besitzen Langarmgarnelen keine kurzen, mit Borsten besetzten Gliedmaßen. Ihre vorderen Gliedmaßen sind fast ausnahmslos sehr lang und mit außerordentlich kräftigen und wehrhaften Scheren besetzt, mit denen sie sich auch zu verteidigen wissen. Meist besitzen die Männchen mächtiger ausgebildete Scheren, bei einigen Arten ist auch nur eine Seite stark verdickt und die andere normal ausgebildet.

Es werden sowohl reine Süßwasserhabitate wie Seen, Flüsse und Bäche besiedelt als auch Brackwasserzonen in Flussmündungen. Die Größenunterschiede bei der Gattung *Macrobrachium* können stark differieren. Es finden sich Zwerge von 20–30 mm Länge wie auch wahre Titanen von fast einem halben Meter Länge. Die Gattung *Macrobrachium* ist streng territorial und die innerartliche Konkurrenz ist sehr stark ausgebildet. Bei der Besetzung des Aquariums sollte dies strikt beachtet werden, ansonsten wird das schwächere Tier infolge des begrenzten Fluchtraums sehr bald gefressen.

Die Arten im Handel

Meist werden nur Arten importiert, die eine attraktive Gestalt oder Färbung haben. Beginnen wir mit den kleineren Vertretern unter den Macrobrachien. Vor ungefähr drei Jahren erreichte uns die recht attraktive, klein bleibende Schneeflöckchengarnele. Ihr genauer Artstatus ist noch nicht bekannt, sie dürfte aber aufgrund von morphologischen Konformitäten Macrobrachium mirabile recht nahestehen, wird deshalb auch als *Macrobrachium cf. mirabile* gehandelt.
Eine etwas größer werdende Art ist *Macrobrachium pilimanus*, die Chamäleongarnele aus Asien. Die Tiere werden um die 80 mm groß, wobei die mit einer Art Pelz besetzten Rezeptorhaare der Männchen das Besondere und Attraktive sind.
Äußerst selten kann *Macrobrachium carcinus* im Händlerbecken bestaunt werden, diese Tiere fallen allein schon wegen der enormen Größe der Scherenfinger und der attraktiven Zeichnung auf.
Es werden noch eine Reihe weiterer Vertreter der Gattung gehandelt, leider ohne den genauen Fundort zu kennen, dies macht dann auch die Bestimmung enorm schwierig.

Die Gattung Macrobrachium **gehört zu den für Aquarianer besonders attraktiven Krebstieren.**

Crystal Red Bienengarnele
Caridina cf. cantonensis

SYNONYME CR, Red Crystal, Rote Biene, Rote Bienengarnele, Kristallrote Bienengarnele, Red Bee Shrimp.

GRÖSSE Weibchen erreichen bis zu 35, Männchen um die 30 mm.

VERBREITUNGSGEBIET Da die Crystal Red aus normalen Bienengarnelen selektiert wurde und diese mit an Sicherheit grenzender Wahrscheinlichkeit nicht nur aus einer Art bestanden, kann heute niemand mehr über die ursprünglichen Verbreitungsgebiete Auskunft geben.

ALLGEMEIN Der Japaner Hisayasu Suzuki entdeckte vor ca. 10 Jahren in einer Gruppe normalfarbiger Bienengarnelen ein einzelnes rotes Tier. Dank der japanischen Zuchtauslese konnte die heute so populäre Garnele ihren Siegeszug durch die Aquaristik antreten. Gegenwärtig wird die Garnele in Japan auf einen hohen Weißanteil selektiert. Es wird spekuliert, dass für die starke weiße Deckfarbe eine andere, nah verwandte Art eingepaart wurde. Das Niveau, auf dem sich deutsche Züchter im Moment bewegen, sorgt in Japan nur für müdes Lächeln. Auf japanischen Internetplattformen werden attraktiv gezeichnete Tiere für Höchstsummen verkauft, bei denen der normale Europäer nur noch mit dem Kopf schütteln kann – 2.000 Euro sind hier keine Seltenheit. Die Preise im deutschen Zoofachhandel liegen bei drei bis fünf Euro. Gut gebänderte Tiere werden um sieben bis fünfzehn Euro verkauft, hierbei kommt es auf den Reinheitsgrad der Bänderung an. Nebenbei sei noch bemerkt, dass die Red Bee (also das Kreuzungsprodukt aus Crystal Red und Hummelgarnele) immer noch schwierig zu vermehren ist und äußerst empfindlich auf Schadstoffbelastung reagiert. Sie ist also nur etwas für Aquarianer mit besonders viel Erfahrung!

BESCHREIBUNG Männchen erkennt man auf den ersten Blick am schmächtigeren Körperbau und dem nach hinten spitz zulaufenden Abdomen. Weibchen wirken insgesamt bulliger und besitzen ein nach unten gezogenes Bauchschild, unter dem bei Trächtigkeit dann auch die dunkel- bis hellbraunen Eier gut sichtbar werden. Außerdem weist das Weibchen einen hellen „Nackenfleck" auf, hierbei handelt es sich um die Ovarien, Produktionsort der Eier. Normalfarbige Tiere haben sechs bis sieben dünne Querstreifen, einzelne davon können auch miteinander verschmelzen. Alle anderen Teile sollten gleichmäßig rot gefärbt sein. Gut gezeichnete Crystal Red fallen durch breite weiße Binden auf, wirken also wie eine sehr schön gezeichnete Hummelgarnele.

TEMPERATUR 20 bis 26 °C.

PFLEGE Die Haltung ist relativ einfach, wenn einige wichtige Punkte beachtet werden. Zum einen sollte die Garnele sehr langsam eingewöhnt werden, die Tiere reagieren auf plötzliche Temperaturänderungen und veränderten Wasserchemismus sehr empfindlich. Gerade Anfänger machen den Fehler, am Anfang zuviel zu füttern. Dies erhöht nicht nur dramatisch die Nitratwerte, es führt auch häufig zu Pilz- und Bakterienvermehrungen. Halten Sie sich also zurück. Hantieren Sie nicht jeden Tag zwei Stunden im Becken, nur weil Sie glauben, das Wurzelholz läge nicht an der richtigen Stelle. Auf ständiges Hantieren antworten die Tiere mit Stress, verblassen und werden innerhalb kürzester Zeit anfällig für Krankheitskeime. Wöchentlicher Wasserwechsel ist Pflicht, 50 % des Wassers sollten unbedingt ausgetauscht werden. Legen Sie außerdem zwei bis drei Seemandelbaumblätter mit ins Becken, die langsam freigesetzten Inhaltsstoffe fördern das Wohlbefinden der Tiere! Füttern Sie häufig in kleinen Mengen: gefrorener Spinat, Erbsen, Möhren, Frostfutter, Flockenfutter, Spirulinatabletten, Chlorellapresslinge und die obligatorischen Nagerpellets. Auch getrocknetes Herbstlaub sollte unbedingt im Becken sein, Haselnuss, Buche und Ahorn haben sich bewährt.

Redfire-Zwerggarnele

Neocaridina heteropoda var. 'Red'
(früher *N. denticulata sinensis*)

SYNONYME Turniergarnelen, Red Cherry, Rote Algengarnele, Guppygarnele.

GRÖSSE Große Weibchen können bis zu 45 mm erreichen, Männchen werden meist nicht größer als 20 mm.

VERBREITUNGSGEBIET Hauptverbreitungsgebiete sind Südchina, Japan, Taiwan, Korea und Hawaii (dort eingeschleppt). Klimatisch gehören diese Gebiete nicht zu den Tropen, wie vielfach angenommen, sondern zu den Subtropen.

ÖKOLOGIE Die Redfire bewohnt kleine Bäche, Flüsse und Seen. Von völlig wasserpflanzenfreien Bächen mit Kiesbedeckung bis zum verkrauteten Dorfteich werden alle Zonen besiedelt. Dies geschieht äußerst erfolgreich, denn wo sich die Redfire niederlässt, vertreibt diese sehr oft mit der Zeit andere Garnelenbestände (was übrigens auch im Aquarium gilt).

ALLGEMEIN Dank ihrer leuchtend roten Farbe und ihrer äußerst leichten Vermehrbarkeit (daher der Name Guppygarnele) ist die Redfire neben der gleichermaßen beliebten Crystal Red wohl eine der weitverbreitetsten Zwerggarnelenarten überhaupt. Sie wurde vor einigen Jahren aus Taiwan importiert und ihr Erscheinen hat einen wahren Run auf die Garnelen ausgelöst. Anfängliche Preise von sechs bis zehn Euro muss heute aber niemand mehr bezahlen, die Garnele wird von Hobbyaquarianern schon für einen Euro abgegeben, im Fachhandel schon ab zwei Euro.

BESCHREIBUNG Es kommen viele verschiedene Farbformen vor – rote, orange, blaue, braune und sogar tiefblaue und schwarze Tiere sind zu finden. Die Art ist außerdem, wie viele Garnelenarten, zu sehr schnellen Farbwechseln fähig. Mit der Verfütterung von astaxanthinreicher Nahrung kann bei der Redfire-Garnele eine deutliche Steigerung der Farbintensität erreicht werden. Weibliche Jungtiere können schon mit 10 mm Länge

deutlich am sich langsam bildenden gelben „Nackenfleck“ von den Männchen unterschieden werden. Die Ovarien (Eierstöcke) scheinen hier als Fleck durch, und wenn sie anwachsen, kann mit baldigem Nachwuchs gerechnet werden.

TEMPERATUR Bei 4 °C bis maximal 35 °C überleben die Garnelen (hier bei entsprechend hohem Sauerstoffgehalt) ohne Probleme. Das Optimum liegt aber bei 26 °C.

PFLEGE Die Art lässt sich ohne Probleme in Becken ab 40 Litern halten, eine Heizung wird nicht benötigt. Beleuchten sollten Sie das Becken schon, denn erst dadurch kommt die beeindruckende rote Farbe richtig zur Geltung. Je verkrauteter das Becken ist, desto mehr Nachwuchs können Sie übrigens erwarten. Der Bodengrund sollte sehr dunkel gehalten sein oder wenigstens mit dunklen Seemandelbaumblättern bedeckt, nur so kommt die intensive rote Farbe richtig zur Geltung.

Tigergarnele
Caridina cf. cantonensis var. ‘Tiger’

GRÖSSE Weibchen werden deutlich größer und können bis zu 40 mm erreichen, Männchen meist nur 20 bis 30 mm.

VERBREITUNGSGEBIET Die Garnelen stammen meist aus Festland-China und werden über Hongkong oder Singapur in alle Welt exportiert.

ÖKOLOGIE Die Tigergarnele bewohnt subtropische Bäche und kleine Flüsse, meist ohne Pflanzenwuchs, die des Öfteren durch die starke Eutrophierung mit meterlangen Fadenalgen bewachsen sind. Sie bevorzugt steinig-kiesige Untergründe, die von Sandboden mit Falllaubansammlungen und Totholz unterbrochen sind. Tigergarnelen sind sehr sauerstoffbedürftig und nicht so extrem anfällig auf schlechtere Wasserwerte wie z.B. die Bienengarnelen. In der Natur wird hauptsächlich Detritus auf Fressbares untersucht und Algen und Mikroorganismen an Totholzbeständen abgeweidet. Einige Varianten bevorzugen eher warmes Wasser, andere fühlen sich in kühlerem Wasser wohler und pflanzen sich hier eher fort. Tigergarnelen werden meist nicht älter als 18 Monate, viele Weibchen werden aufgrund der häufigen Bruten nur 12 bis 14 Monate alt.

ALLGEMEIN Da die Tiere ab ca. zwei Euro schon relativ preiswert verkauft werden, sind sie meist die ersten Anfängergarnelen im Aquarium. Es kommen mittlerweile sehr viele und äußerst verschieden gezeichnete Garnelen als „Tigergarnelen" in den Handel, wobei hier mit Sicherheit unterschiedliche Arten unter gleichem Namen verkauft werden. Auch sind schon einige Zuchtformen der normalen Tigergarnele erhältlich, wenn auch nur zu hohen Preisen. Die schönste dürfte wohl die Blaue Tigergarnele sein, gefolgt von der Blonden Tigergarnele und etlichen Zwischenformen. Die Blaue Variante zeichnet sich durch eine mehr oder weniger intensive blaue, erbfeste Grundfarbe aus, die durch die typische Streifung unterbrochen wird. Spitzentiere besitzen intensive rote bis weinrote Streifungen und helle Augenfarbe.

BESCHREIBUNG Die ersten eingeführten Tigergarnelen waren von hellbraun-blonder Grundfarbe mit feiner hellbrauner Steifung. Ab einem Alter von ca. sechs Monaten sind die Geschlechter zweifelsfrei zu unterscheiden. Weibchen können an dem stark heruntergezogenen Bauchschild leicht erkannt werden, die zum Schwanzfächer spitz zulaufende Form verrät das Männchen.

TEMPERATUR Bei normalfarbigen Tieren um 24 °C, bei den Mutationen sollten es ein paar Grad mehr sein, da gerade die blaue Tigergarnele auf niedrige Temperaturen empfindlich reagiert.

PFLEGE Die Tiere sind in Aquarien von 50 Litern aufwärts gut zu halten. Javamoos und Teichlebermoos als Standardbepflanzung sind obligatorisch, zusätzlich kann als Bodendecker noch Kleinbleibendes gepflanzt werden. Füttern Sie mehrmals täglich Flockenfutter, Spinat, Erbsen, Möhren, Nagerpellets etc. Frostfutter, das aus anderen Wirbellosen gewonnen wurde (Daphnien, Artemia etc.), sollte nicht verfüttert werden, da die Ansteckungsgefahr durch decapodentypische Viralpathogene sehr hoch zu sein scheint. Die Mutationen wie die Blonde oder die Blaue Tigergarnele benötigen bessere Wasserwerte, wenn möglich ohne Nitrat, weiches Wasser von 2–4 °dGH, der pH-Wert ist nicht so entscheidend. Ich selbst bevorzuge bei dem genannten Härtegrad einen pH von 7,5–8,5.

Grüne Zwerggarnele
Caridina cf. babaulti var. 'Green'

SYNONYME Grüne Ceylon Garnele, Grasgrüne Garnele, Rückenstrichgarnele, green shrimp.

GRÖSSE Die Garnelen erreichen eine Endgröße von ca. 30 bis 40 mm, meist bleiben Nachzuchten aber wesentlich kleiner, wohl angesichts geringer Wasserwechselfrequenzen und hoher Populationsdichte in zu kleinen Becken.

VERBREITUNGSGEBIET Die grüne Zwerggarnele soll von Myanmar über Indien bis zum Irak in verschiedenster Farbausprägung vorkommen. Gefangen werden die Tiere fast ausschließlich in Indien.

ÖKOLOGIE Besiedelt werden Flüsse der Niederungen, Teiche, Stauseen, künstliche Wasserreservoire etc. Sie stellt also keine höheren Ansprüche an ihre Umgebung. Meist jedoch bevorzugt sie stark verkrautete Gewässer, wo sie aufgrund ihrer grünen Farbe perfekt getarnt ist.

ALLGEMEIN Vor einigen Jahren wurde zum erstenmal eine fantastisch grün gefärbte Zwerggarnele aus Indien importiert, damals noch unter dem Namen Grüne Ceylon Garnele. Leider kann bis heute, wie bei fast allen Zwerggarnelenarten, nicht mit letzter Sicherheit die genaue taxonomische Stellung festgestellt werden. Beim Import kommt immer eine Mischung unterschiedlichst gefärbter Tiere und auch unterschiedlichster Arten an. Inwieweit sich die Tiere in den Hälterungsbecken der Garnelenfänger und Exporteure durch Paarung vermischen ist schwer abzuschätzen. Auch die neuerlich bei Züchtern immer beliebter werdende Einkreuzung verschiedenster Typen oder Arten zur Farbverbesserung wird Taxonomen wohl zur Verzweiflung bringen.

BESCHREIBUNG Unter den Sammelbegriff Grüne Zwerggarnele fallen Tiere aller Farbspektren. Die Garnelen sind zu sekundenschnellem Farbwechsel befähigt: Wenn sie gerade aus der Importbox kommen, sind sie oft von blauer Farbe, was sich innerhalb weniger Stunden wieder ins Grüne oder Braune verschiebt. Oftmals besitzen die Tiere einen hellen mehr oder weniger breit ausgebildeten Rückenstrich. Weibliche Tiere sind gut am hellgrünen Nackenfleck von den Männchen zu unterscheiden (diese bleiben auch meist wesentlich kleiner). Die Lebensspanne liegt in Gefangenschaft (und nur hier liegen verlässliche Informationen vor) bei bis zu zwei Jahren, allerdings nur bei bester Pflege.

TEMPERATUR 24 bis 30 °C.

PFLEGE Die Grüne Zwerggarnele sollte in stark verkrauteten Becken gehalten werden, dies kommt ihrem natürlichen Schutzbedürfnis am nahesten. Mittlere und obere Wasserschichten werden bevorzugt, meist hängen sie an Wasserpflanzen, wo sie dann zu unserem Leidwesen nur schwer zu entdecken sind. Das Teichlebermoos Riccia fluitans sollte unbedingt vorhanden sein, da gerade Junggarnelen hier eine ideale „Weide" aus absterbenden Pflanzenteilen vorfinden.

Hummelgarnele
Caridina cf. breviata

SYNONYME Zebragarnele, Gebänderte Garnele, bumble bee shrimp.
GRÖSSE Weibchen bis 30 mm, Männchen um die 20 mm.
VERBREITUNGSGEBIET Verbreitet sind die Hummelgarnelen in Mittel- und Südchina, gehören also zu den subtropischen Arten.
ÖKOLOGIE Die Hummelgarnele besiedelt kleine Flüsse, Seen und soll auch bis in kühlere Bereiche der Bergbäche vordringen. Die Garnele ist sehr sauerstoffbedürftig und anfällig für schlechten Wasserchemismus. Bisher liegen keine verlässlichen Berichte über die Biologie dieser Art vor.
ALLGEMEIN Hummelgarnelen sind wie die Bienengarnelen sehr ansprechend gezeichnet. Sie werden leider nur in geringen Mengen nachgezüchtet, so dass der größte Teil der erhältlichen Tiere aus Wildfängen stammt. Eine besonders gut gezeichnete Variante der Hummelgarnele wurde wohl in Japan zur Einkreuzung der Crystal Red benutzt. Das Endprodukt, die Red Bee Shrimp, kann sich sehen lassen!
BESCHREIBUNG Die Tiere werden vom Anfänger gern mit Bienengarnelen verwechselt, die aber eine dünne weiße Streifung zeigen, wohingegen die Hummelgarnele eine breite Bänderung aufweist. Diese kann von weißer, gelber oder transparenter Farbe sein. Die Grundfarbe ist Schwarz oder Braun. Besonders schöne Tiere sind silber-schwarz gezeichnet. Ein weiterer Unterschied ist die braune Augenbinde, die bei der Bienengarnele hell gezeichnet ist. Allerdings sind auch weißgesichtige Hummelgarnelen im Großhandel zu finden. In Japan unterscheidet man übrigens nicht nach Hummel- und Bienengarnele, sondern alle werden Bee Shrimp genannt und aktuell in sieben unterschiedliche Typen aufgeteilt.
TEMPERATUR 18 bis 24 °C.
PFLEGE Becken mit 40 Litern sind das absolute Minimum. Ein Regelheizer wird nicht benötigt, da die Tiere aus kühleren subtropischen Zonen stammen. Achten Sie auf eine dichte Bepflanzung und ein gutes Algenwachstum, dies fördern Sie durch eine angemessene Beleuchtung. Ein Teilwasserwechsel alle sieben Tage mit etwas kühlerem Wasser regt die Häutung und damit die Fortpflanzungsaktivität an. Als Bodengrund hat sich Flusssand oder grober Kies gut bewährt. Herbstlaub oder Seemandelbaumblätter sollten unbedingt im Becken vorhanden sein.

Amano Garnele

Caridina multidentata
(früher C. japonica)

SYNONYME Takashi-Garnele, Algen-Garnele, Yamatonuma-Garnele, Japan-Garnele.

GRÖSSE Weibchen bis 70 mm, Männchen ca. 60 mm.

VERBREITUNGSGEBIET Ursprünglich stammt diese Garnele aus Japan, Taiwan und Südchina. Mittlerweile wurde sie durch Ballasttankwasser von Großschiffen weiter weltweit verschleppt.

ÖKOLOGIE Bewohnt werden meist kühle, schnell fließende Bergbäche ohne Wasserpflanzenbewuchs. Die Tiere sind aufgrund des Prädatorendrucks meist nur nachtaktiv. Im Aquarium sind sie den ganzen Tag über unterwegs.

ALLGEMEIN Eine der wenigen Garnelenarten, bei der der Artstatus zweifelsfrei geklärt ist. Eines vorab, die Legende, C. *multidentata* sei ein Algenkiller, ist schlicht und einfach falsch. Aufgrund ihrer beeindruckenden Endgröße (bis zu 70 mm) ist ihr Nahrungsbedarf nur größer. Außerdem war sie die erste Garnele, die in hohen Stückzahlen importiert wurde und der Aquaristik zur Verfügung stand. Dies ist dem Japaner Takashi Amano zu verdanken, dem bekanntesten Aquaristik-Künstler weltweit. Aufgrund des Vermehrungstyps (marines Larvalstadium) kommen nur Wildfänge in den Handel.

BESCHREIBUNG Weibliche Tiere zeigen eine Punkt-Strich-Zeichnung am unteren Abdomen, die Männchen besitzen nur eine Punktzeichnung. Manche Tiere haben einen goldenen „Strick" entlang des Rückenpanzers.

TEMPERATUR 10 bis 30 °C.

PFLEGE Amano-Garnelen sollten, da sie zu den größer werdenden Garnelen zählen, in Aquarien ab 60 Liter gehalten werden. Die Wasserchemiewerte sind von untergeordneter Bedeutung, die Garnele fühlt sich sowohl in weichem wie auch hartem Wasser wohl. Die Art kann auch mit größeren Friedfischen vergesellschaftet werden. Als Nahrung dienen Algen, Mulm, Gurken- und Karottenscheiben, Nagerpellets, Flockenfutter oder Tabs – die Tiere sind nicht wählerisch. Ein Teilwasserwechsel sollte alle zehn Tage vorgenommen werden.

Weißperlengarnele

Neocaridina cf. zhangjiajiensis var. 'White Pearl'

GRÖSSE Die Garnele erreicht eine maximale Länge von 20–25 mm.
VERBREITUNGSGEBIET Kosmopolit. Die nur im Aquaristikhandel erhältliche Garnele wird mittlerweile in aller Welt gehandelt.
ÖKOLOGIE Siehe Redfire-Garnele.
ALLGEMEIN Die Weißperlengarnele stellt die weiße Mutation der recht farblosen *Neocaridina cf. zhangjiajiensis* dar. Sie ist wie die Redfire Zwerggarnele eine der produktivsten Zwerggarnelen überhaupt. Sie scheint keine besonderen Ansprüche an Temperatur, Wasserchemismus, Futter etc. zu haben. Eine ideale Anfängergarnele.
BESCHREIBUNG Die Tiere sind von schlanker Gestalt und meist weißlich gefärbt, es kommen aber seltener auch weiß-schwärzliche Farbschläge vor. Es wurden auch schon bläuliche Tiere gezüchtet, es muss sich aber noch herausstellen, ob die blaue Farbe von Dauer sein wird. Die Weibchen sind gut an ihren Ovarien (Eierstöcken), welche sich direkt über dem Kaumagen befinden, zu erkennen. Augenfarbe meist schwärzlich.
TEMPERATUR ca. 25 °C
PFLEGE In weichem Wasser, bei einem pH von 6–8, scheint sich die Garnele sehr stark zu vermehren. Bei guter Fütterung wächst die Garnele sehr schnell und kann mit 12 Wochen schon wieder selbst für Nachwuchs sorgen.

Rote Nashorngarnele
Caridina gracilirostris

SYNONYME Rote Rhinogarnele, Langnasengarnele, Nashorngarnele.
GRÖSSE Weibchen können bis zu 50 mm erreichen, die Männchen bleiben mit 40 mm kleiner.
VERBREITUNGSGEBIET Über die exakte Verbreitung ist noch nichts Genaueres bekannt. Die Tiere stammen meist aus Indien und sollen dort die Flussniederungen bewohnen.
ÖKOLOGIE Wie schon erwähnt besiedeln die Roten Nashorngarnelen die stillen Zonen der Flussniederungen und Deltagebiete der großen Ströme. Dass die Tiere Bewohner tropischer Gewässer sind, muss unbedingt bei der Haltung berücksichtigt werden.
In Venezuela kommt eine zum Verwechseln ähnliche Art vor, die auch tagsüber in stillen Zonen mit viel Laubansammlung zu beobachten ist.
ALLGEMEIN Wenn sie gut eingewöhnt werden, sind Nashorngarnelen sehr gut zu haltende und dankbare Pfleglinge. Nachzuchten können Sie leider keine erwarten, da sie zum Fortpflanzungstyp mit marinem Larvenstadium gehören. Diese Garnelen sind langsame Schwimmer, die immer munter im Becken umhergleiten. Die Weibchen tragen fast ständig Eier.

BESCHREIBUNG Sie besitzen ein rotes, stark verlängertes Rostrum und goldfarbene Stielaugen. Oftmals sind frisch aus dem Import stammende Tiere schneeweiß, dies gibt sich aber nach einigen Tagen wieder und die Garnelen entwickeln einen durchsichtigen Körper.
TEMPERATUR 26 bis 30 °C.
PFLEGE Das Aquarium sollte mit ausreichend Pflanzen bestückt sein, die auch recht hohe Temperaturen von 26 bis 30 °C aushalten. Erst bei diesen Temperaturen fühlt sich die Garnele rundherum wohl und ist ständig auf Nahrungssuche. Die Aufnahme von Futter erfolgt häufig am Boden, indem der Bodengrund rückwärtsschreitend durchgepflügt wird. Das Bodensubstrat sollte aus Sand bestehen, dieser kann auch von heller Farbe sein, dies scheint die Tiere nicht zu stören. Die morphologisch ähnliche Langnasengarnele aus Venezuela bewohnt meist helle sandige Gewässer, oftmals in Gegenwart von größeren Buntbarschen!

Blaue Monsterfächergarnele
Atya gabonensis

SYNONYME Gabun-Riesenfächergarnele, Blaue Radargarnele, Blaue Borstenhandgarnele, blue fan shrimp, giant freshwater shrimp.

GRÖSSE Große Weibchen können um die 180 mm erreichen, männliche Tiere bleiben meist etwas kleiner.

VERBREITUNGSGEBIET Das natürliche Vorkommen umfasst die zu den Küsten fließenden Bergflüsse der atlantischen Seite Südamerikas, Westafrikas und Westaustraliens. Heute sind die Tiere durch das Ballastwasser des Schiffsverkehrs (im Larvalstadium) mittlerweile auch in Panama, Venezuela, Kolumbien und vielen weiteren Orten außerhalb ihres ursprünglichen Verbreitungsgebiets zu finden.

ÖKOLOGIE Fächergarnelen sind ruhige Tiere, die Stunden oder sogar Tage an einem Platz verharren können. Es werden relativ kühle Bergbäche und Flüsse besiedelt. Die Tiere gehören zum ursprünglichen Fortpflanzungstyp, die Larven benötigen also ein marines Stadium. Die Weibchen sind während des ganzen Jahres mit Eiern anzutreffen, obwohl vermehrt trächtige Tiere während der Regenzeit zu verzeichnen sind.

ALLGEMEIN *Atya gabonensis* ist die größte im Handel erhältliche Fächergarnele. Sie wird ganzjährig in sehr hoher Stückzahl, hauptsächlich aus Afrika, importiert und gehört zu den robustesten Garnelen überhaupt. Die Tiere sind absolut friedlich und können in jedes normale Gesellschaftsbecken ohne Bedenken eingesetzt werden.

BESCHREIBUNG Fächergarnelen sind in ihrer Farbe äußerst variabel und neigen stets zum

Farbwechsel. Im Normalfall sind die Tiere gräulich, können aber auch bläulich, kobaltblau und rosafarben sein. In jüngster Zeit sind auch vermehrt weiße Tiere im Handel zu finden. Große Schautiere sind eine wahre Augenweide. Männchen haben stark verdickte vordere Gliedmaßen und können so gut von den Weibchen unterschieden werden. Carapax und Abdomen sind glatt, die Schreitbeine mit kleinen warzenförmigen Ausformungen besetzt.

TEMPERATUR 22 bis 26 °C.

PFLEGE Fächergarnelen lieben viel Strömung, in der sie tagelang an einem exponierten Platz verweilen und, ständig mit ihren Borstenhänden fächelnd, Nahrung aufnehmen. Wer den Tieren etwas Gutes tun möchte, richtet ihnen ein reines Artbecken mit Kiesboden und großen Flusssteinen ein, dazu mehrere Moorkienholzwurzeln und eine starke Strömungspumpe. Gefüttert werden sollte mit Lebendfutter (Daphnien, Mückenlarven) oder Staubfutter, Spirulinapulver etc. Wenn die Garnelen anfangen den Bodengrund nach Fressbarem durchzupflügen, ist dies ein unmissverständliches Zeichen dafür, dass die Tiere nicht ausreichend Nahrung aus der Strömung filtern können!

Molukken-Fächergarnele
Atyopsis moluccensis

SYNONYME Bergwassergarnele, Steingarnele.
GRÖSSE Diese Art kann eine Gesamtlänge von ca. 100 mm erreichen, wobei hier die Weibchen meist größer werden als die Männchen.
VERBREITUNGSGEBIET Südostasiatischer Raum, asiatisches Festland und Inseln, Molukken. In der Aquaristik mittlerweile weltweit verbreitet.
ÖKOLOGIE Über die Biologie dieser Art ist bisher leider noch nicht viel bekannt. Wie auch die Schwestergattung *Atya* sind die *Atyopsis* (so werden die asiatischen Vertreter aus der Familie der Atyidae genannt) in der Vermehrung auf ein phelagisches Larvalstadium angewiesen. Eiansätze sind nicht ganz so zahlreich in Gefangenschaft zu beobachten wie z.B. bei *A. gabonensis*.
ALLGEMEIN Die Molukken-Fächergarnele ist eine im südost-asiatischen Raum weit verbreitete Gebirgsgarnele. Sie ist nicht ganz so robust wie die Fächergarnelen der Gattung *Atya*, aber dennoch sehr ausdauernd im Aquarium. Die Art kann leicht mit *Atyopsis spinipes* verwechselt werden, jedoch besitzt diese ein kürzeres Rostrum mit einer geringeren Anzahl von Rostrenzähnen.
BESCHREIBUNG Sie sind von schlanker Gestalt, auch die Borstenhände (zu Planktonfächern umgebildete Extremitäten des ersten Schreitbeinpaars) sind wesentlich kleiner im Vergleich zu *Atya gabonensis*. Die Farbe variiert sehr stark, manche Tiere sind grau, andere rötlich oder grünlich. Meist aber besitzen die Garnelen feine Streifungen und Punktmuster, für gewöhnlich auch einen ausgeprägten Rückenstrich.
TEMPERATUR 22–26 °C.
PFLEGE Wie bei allen anderen Fächergarnelen sollte unbedingt Strömung vorhanden sein, je mehr, desto besser. Leider ist sie gegen höhere Temperaturen relativ empfindlich und auch auf sehr gute Sauerstoffversorgung angewiesen. Wenn man dies beachtet, lässt sich die Garnele aber im normalen Gesellschaftsbecken pflegen. Auf hohe Nitratwerte reagiert die Molukkenfächergarnele empfindlich und mit verblassenden Farben. Auch treten in Gefangenschaft bei dieser Art häufiger Häutungsschwierigkeiten auf. Es sollte deshalb wöchentlich 50 % des Wassers ausgetauscht werden. Einzeltiere sind relativ scheu, deswegen ist eine Gruppenhaltung von fünf bis zehn Tieren vorzuziehen.

Amerikanische Fächergarnele
Atya scabra

SYNONYME *Atya margaritacea.*
GRÖSSE Männchen um 150 mm, Weibchen etwas kleiner.
VERBREITUNGSGEBIET Westseite Mittel- und Südamerikas, mittlerweile auch an einigen Stellen der USA und an der Pazifikseite Panamas nachgewiesen.
ÖKOLOGIE Auch diese Fächergarnelenart ist sehr ruhig, hält sich aber im Gegensatz zu *A. gabonensis* im Habitat mehr versteckt. Zur Trockenzeit kann man die Tiere recht einfach unter Laubansammlungen keschern, zur Regenzeit ist ein Fang so gut wie aussichtslos. Temperaturen von 18 bis 25 °C sind während des jahreszeitlichen Verlaufs gemessen worden. Weibchen ab 30 mm Gesamtlänge können mit Eiansatz beobachtet werden. Wie bei *A. gabonensis* gibt es ein marines Larvenstadium. In freier Natur migrieren die frisch geschlüpften Larven mit der Strömung zuerst ins Brack- und dann ins Meerwasser.
ALLGEMEIN *A. scabra* wird oftmals auch mit *A. margaritacea* gleichgesetzt. Da die Tiere äußerst formenreich sind, ist eine Bestimmung relativ schwierig. Auch widersprechen sich einige wissenschaftliche Publikationen beträchtlich. Das soll uns aber nicht daran hindern, diese sehr schöne Garnele näher zu beschreiben. Da gerade die im nördlichen Südamerika vorkommenden Arten bisher nur unzureichend untersucht wurden, könnte hier wohl in Zukunft noch so manche Überraschung zutage kommen.
BESCHREIBUNG Von mir untersuchte Tiere hatten trotz identischer Rostrenformel und geschlechtsspezifischer Merkmale eine völlig unterschiedliche Carapax-Körnung. Einige Tiere hatten zahlreiche kleinere warzenförmige Höcker auf dem gesamten Carapax, andere dagegen waren völlig glatt. Die Färbung reicht von Bläulichgrau, über Braun mit sehr attraktivem gelbem Rückenstrich, über ein schwarz-weißes Zebramuster, ja sogar rote Tiere konnten schon beobachtet werden.
TEMPERATUR Da die Art meist schnell fließende Bergbäche bewohnt, sollte die Temperatur nicht über 27 °C steigen.
PFLEGE *A. scabra* besiedelt häufig seichte, schnellfließende klare Bäche. Da in der Natur der Prädatorendruck durch Eisvögel und Reiher, aber auch durch Raubfische sehr stark ist, kommen frisch importierte Tiere erst nach einiger Zeit auch bei Tageslicht zum Fächern an erhöhte Stellen im Aquarium.

Gestreifte Langarmgarnele
Macrobrachium carcinus

GRÖSSE Bis zu 350 mm sind keine Seltenheit.
VERBREITUNGSGEBIET *M. carcinus* findet man von Mittel- bis Südamerika in den zur Küste fließenden Bächen und Flüssen.
ÖKOLOGIE Es werden nur die Flüsse besiedelt, die die Küste erreichen. Meist sind es klare, schnell fließende Bäche mit weniger als 100 km Gesamtlänge, mit viel Ufervegetation und ohne Wasserpflanzenbewuchs. Große Tiere leben territorial und dulden keine anderen Artgenossen. Sie leben sehr zurückgezogen in Felsspalten, häufig unter Bambus und Baumwurzeln. Sie ernähren sich von allem, was fressbar ist: Detritus, Früchte, Schnecken, Muscheln, tote Fische etc. Langarmgarnelen neigen stark zu Kannibalismus. Magenuntersuchungen haben aber auch gezeigt, dass Detritus fast 50 % der aufgenommenen Nahrung ausmacht.
ALLGEMEIN Eine sehr schöne Langarmgarnele, die wohl zukünftig aufgrund ihres äußerst ansprechenden Aussehens häufiger eingeführt werden wird. Die Tiere sind recht häufig in den Flüssen anzutreffen und sind bei der einheimischen Bevölkerung als ausgezeichneter Eiweißlieferant geschätzt.
BESCHREIBUNG Carapax und Abdomen längs bräunlich-gelb gestreift. Starke Scherenarme, meist braun oder blau mit etlichen Dornen bewehrt. Männchen haben die stärkeren Scheren.
TEMPERATUR 22 bis 27 °C, schnelle Abkühlung vertragen die Tiere nicht!
PFLEGE Aufgrund der Größe sollte das Aquarium nicht weniger als 160 Liter aufweisen. Einrichtung mit Kies-Sand-Gemisch mit vielen großen Steinen und Moorkienholz. Das Becken sollte gut mit Sauerstoff versorgt werden, Strömung sollte vorhanden sein! Die Männchen führen einen auffallenden Balztanz auf, der bis zu einer Stunde dauern kann, allerdings nur in der Dunkelheit. Eine Vergesellschaftung mit strömungsliebenden Fischarten ist generell möglich.

Ringelhandgarnele
Macrobrachium assamense

GRÖSSE Männchen erreichen eine Länge um die 80 mm, die Weibchen bleiben bei ca. 60 mm.

VERBREITUNGSGEBIET Nepal, Bengalen, Himalajaregion.

ÖKOLOGIE Da die Art einen typischen Bachbewohner darstellt, sollte die Wassertemperatur nicht allzu hoch sein, wenngleich die meisten Tiere wohl bei relativ hohen Temperaturen gehalten werden. Bei 22 °C gedeiht die Art wohl am besten. Laub wird im Gegensatz zu anderen Makrobrachien nicht gern verzehrt. Schnecken, Muscheln, Fische und Insektenlarven stellen die Hauptnahrung dar. Wer die Garnelen mit Fischen zusammenhalten möchte, sollte sich dies gut überlegen!

ALLGEMEIN Ringelhandgarnelen sind ständig in großer Anzahl im Zoofachhandel und bei privaten Züchtern oder Aquarianern erhältlich. Aus diesem Grund sind die Tiere auch sehr preiswert. Meist ist sie eine der ersten Langarmgarnelen, die vom Anfänger gehalten wird.

BESCHREIBUNG Starke dunkle braune oder graue Marmorierung. Der auffallende Name rührt von den rot-schwarz geringelten Scheren her.

TEMPERATUR 20 bis 25 °C.

PFLEGE Becken ab 60 Liter können für ein Männchen und mehrere Weibchen genutzt werden. Mehrere Männchen haben auf Dauer in einem Aquarium keine Chance! Planen Sie viele Versteckmöglichkeiten in Form von Steinaufbauten, Moorholz und Tonröhren ein. Wöchentlicher Wasserwechsel mit kühlem Wasser lässt die Tiere spürbar aufleben. Nicht mit Fischen, Zwerggarnelen und kleineren Krebsen *(Cambarellus)* zusammen halten, diese werden als Beute angesehen.

INFO

Wichtige Gattungen
Die aquaristisch wichtigsten Gattungen stellen *Cambarellus*, *Cambarus* und *Procambarus* dar, die durch leichte Haltung, geringe Endgröße und sehr schöne Farbmorphen auffallen.

Krebse des Nordens

Global betrachtet, beinhaltet diese Familie die meisten Arten unter den Flusskrebsen. Man findet die Cambaridae im Fernen Osten genauso wie in Nordamerika bis hinunter nach Mexiko. In der Familie findet man auch den kleinsten Vertreter der Flusskrebse, *Cambarellus diminutus* mit nur 14 mm Rückenschildlänge. Bewohnt werden alle Gewässertypen, vom großen Flusssystem über kleinere Bäche bis hin zu Tümpeln und Kanälen.

Morphologische Besonderheiten

Wichtigstes Unterscheidungsmerkmal zu den Krebsen des Südens (Parastacidae, siehe nächstes Kapitel) ist das Vorhandensein einer speziellen Öffnung am Bauch des Weibchens (Anulus ventralis), die zur Aufnahme der Spermien dient. Während des Begattungsaktes führt das Männchen einen arttypisch umgeformten Fuß (Gonopode = Paarungsgriffel) in den weiblichen Anulus ventralis ein und drückt mit dem zweiten Gonopoden aktiv das Sperma hinein.

In der Gattung *Procambarus* **gibt es viele farbenfrohe Mutationsfomen.**

Der Formenwandel

Ein weiterer wichtiger Unterschied ist der sogenannte „Formenwandel". Die Tiere verändern wichtige morphologische Eigenheiten wie z.B. Gonopoden und Scherengröße nach jeder Häutung. Dabei machen Sie ein Stadium I durch, währenddessen die Tiere zur Paarung fähig sind. Nach der nächsten Häutung erfolgt ein deutlicher Formenwandel zum Stadium II – während dieses Stadiums sind die Tiere aufgrund der morphologischen Veränderungen nicht mehr in der Lage, ein Weibchen zu befruchten. Erst nach wiederholtem Wandel zu Stadium I können sich die Tier wieder fortpflanzen.

Krebse des Südens

Die Parastacidae sind allesamt Bewohner der südlichen Erdhalbkugel. Die Verbreitung reicht von Madagaskar über Australien, Tasmanien, den Norden Südamerikas bis nach Neuguinea. Aus dieser Familie stammt auch ein wahrer Koloss, der tasmanische Flusskrebs *Astacopsis gouldi*. Mit fast 5 kg Gewicht gehört er zu einem der größten Vertreter unter den Wirbellosen. Unter den Parastaciden soll hier nur die für die Aquaristik wichtigste Gattung, *Cherax*, besprochen werden.

Die bunten Ritter

Die Gattung *Cherax* umfasst mittlerweile ungefähr 40 Arten, durch die vielen Neuentdeckungen und Neubeschreibungen wird sich dies aber in naher Zukunft noch ändern. Sie gehört unter den Parastacidae zur Gattung mit dem größten Verbreitungsgebiet. Viele für die Aquakultur relevante Arten wie *Cherax quadricarinatus* und *C. destructor* sind

Zu der Familie der Parastacidae gehört auch dieser *Cherax quadricarinatus*.

in Australien beheimatet, eine Reihe von aquaristischen Neuentdeckungen stammen von der Insel Neuguinea.

Fortpflanzung mit Hindernissen

Die männlichen Parastacidae besitzen im Gegensatz zu ihren Verwandten der nördlichen Halbkugel keine Gonopoden (Paarungsgriffel, siehe voriges Kapitel), sondern sogenannte Gonoporen. Leider ist dies aber nicht immer ein 100 %iger Beweis für das Geschlecht. Einige Tier|e besitzen nicht funktionsfähige Gonoporen, andere sind Zwitter oder verändern während eines Lebenszyklus ihr Geschlecht von Männchen zu Weibchen, wie es auch unter Meeresfischen häufig zu beobachten ist. Es scheint auch so zu sein, dass einige *Cherax*-Vertreter sehr anspruchsvoll bei der Partnerwahl sind. Nur zu oft nimmt ein Weibchen (trotz Paarungsbereitschaft) das angebotene Männchen nicht an. Die eigentliche Paarung findet immer in der Dunkelheit und in geschützter Umgebung statt. Nach längerem Balzritual kommt es durch das Aneinanderpressen der beiden Krebsleiber zur Übergabe der Spermatophore (Samenpaket). Diese werden in die Nähe der weiblichen Geschlechtsöffnung geklebt. Nach einiger Zeit (dies kann Minuten, Stunden, Tage oder sogar Monate dauern) presst das Weibchen die Eier aus dem Eileiter. Die von Schleim umgebenen Eier lösen die starre Ummantelung der Spermatophore auf und die Eier werden daraufhin befruchtet.

Florida Lobster
Procambarus alleni

SYNONYME Electric Blue Hummer, Blauer Hummer, Alleni.
GRÖSSE 80 bis 100 mm.
VERBREITUNGSGEBIET USA (Florida), aber die blauen Mutationen werden mittlerweile weltweit in der Aquaristik gehandelt und gezüchtet.
ÖKOLOGIE Es werden hauptsächlich stehende, warme Gewässer wie Sümpfe, Seen und Teiche besiedelt. Die Art gräbt gern Gänge in weichem Untergrund.
BESCHREIBUNG Der blaue Florida-Lobster wurde vor einigen Jahren in einer amerikanische Zuchtfarm aus einer Vielzahl normalfarbiger brauner „Allenis“ herausgefischt und weitergezüchtet. Die blaue Farbe basiert auf einem Enzymdefekt, der rezessiv vererbt wird (rezessiv bedeutet, das die Farbe Blau von einem anderen Merkmal, nämlich der Urfarbe Braun, überdeckt wird).
TEMPERATUR Eine Heizung wird nicht benötigt, da alle Temperaturen von 18 bis 30 °C ohne Probleme toleriert werden.
PFLEGE Für ein Pärchen haben sich Becken von 100 Litern Inhalt bewährt, kleiner sollte es nicht sein, da die Tiere schon recht groß werden. Grober Kies mit Sandflächen, viele Moorkienholzäste – und die Tiere fühlen sich wohl. Häufiger Wasserwechsel ist Pflicht, ansonsten wachsen die Tiere nur schlecht. Der pH-Wert kann zwischen 6,5 und 8,5 liegen, härteres Wasser wird bevorzugt, dann zeigen die Tiere auch ein kräftigeres Blau. Gefüttert wird verrottendes Laub, täglich sollte auch eine Portion Nagerpellets gegeben werden. Frost-, Flocken- und Tablettenfutter wird ebenfalls gierig aufgenommen. Wasserpflanzen haben keine Chance, sie werden meist schon in der ersten Woche nach dem Einpflanzen völlig abgefressen. Die einzige Möglichkeit, etwas Grün im Becken zu halten, ist der Javafarn *(Microsorium pteropus)*.

Amerikanischer Sumpfkrebs
Procambarus clarkii

SYNONYME Roter Hummer, Clarki, Roter Lobster, Amerikanischer Lobster.
GRÖSSE Gesamtlänge 100–150 mm.
VERBREITUNGSGEBIET USA (Florida, Illinois, Ohio, Alabama, Mississippi etc.), im Norden Mexikos.
ÖKOLOGIE Die Tiere sind wahre Überlebenskünstler. Trocknet das besiedelte Gewässer ein, gehen die Krebse entweder auf Wanderschaft, um einen noch mit Wasser gefüllten Lebensraum zu finden, oder sie graben sich in langen Gängen einfach ein und überdauern die Trockenperiode im feuchten Schlamm. Bewohnt werden meist Sümpfe und Teiche, die sich in den Sommermonaten extrem aufheizen können.
ALLGEMEIN Der amerikanische Sumpfkrebs war einer der ersten kommerziell gehandelten Krebsarten in Deutschland. Er konnte schon vor vielen Jahren in Gartenbaumärkten, Zoofachläden und bei privaten Züchtern erstanden werden. Er ist sehr leicht züchtbar und wird auch mit schwierigsten Bedingungen problemlos fertig. Daher gilt er als sogenannte Invasionsart, weil dieser Krebs sich, einmal ausgesetzt, schnell verbreitet und einheimische Arten verdrängt. Problematisch ist das, da er Träger der Krebspest *(Aphanomyces astaci)* ist und außerdem durch seine Wühltätigkeit erheblichen Schaden an Dämmen anrichtet. Der Krebs darf unter keinen Umständen ins Freiland ausgesetzt werden!
BESCHREIBUNG Die Scheren der Männchen sind lanzettförmig verlängert, die der Weibchen sind kürzer und etwas dicker, aber immer bedornt. Die Urform ist bläulichschwärzlich mit roten und weißen Punkten auf Scheren und Carapax (Rückenschild), das Abdomen (Schwanz) ist am Rand rötlich gestreift. Es gibt mittlerweile etliche Farbformen, darunter Orange, Rot, Weiß, Blau und Pink. Da der Clarki recht mutationsfreudig zu sein scheint, werden wir wohl in naher Zukunft noch weitere Farbschläge begrüßen dürfen.
TEMPERATUR alle Temperaturen von 5 bis 35 °C werden problemlos toleriert.
PFLEGE Sumpfkrebse sind äußerst aggressive Tiere und dulden keinen Nebenbuhler im selben Becken. Eine Mindestbeckengröße von 200 Litern sollte nicht unterschritten werden. Viele Verstecke (Moorholz, Steine, Kies etc.) sind Pflicht. Wasserpflanzen werden gefressen. Die Tiere sind Allesfresser: Regenwürmer, Tubifex, Frostfutter, Erbsen, Karotten, Laub, Flockenfutter, Tabletten, Wasserflöhe – alles wird erbeutet.

Marmorkrebs
Procambarus sp.

GRÖSSE Endgröße von ca. 120 mm.
VERBREITUNGSGEBIET Der Marmorkrebs soll aus dem Süden der USA stammen.
ÖKOLOGIE Da freilebende Exemplare bisher noch nicht gefunden wurden, ist demnach über die Ökologie der Tiere nichts bekannt.
ALLGEMEIN Das merkwürdigste zuerst: trotz größter Bemühungen ist es bis heute noch nicht klar, woher dieser Krebs stammt und zu welcher Spezies er gehört. Vor Kurzem wurde die Eigenschaft der Parthenogenese festgestellt, also die Zeugung von Jungtieren ohne Männchen. Die Tiere sind also ausschließlich weiblichen Geschlechts.
BESCHREIBUNG Der Körper ist normalerweise braun-weiß-rötlich marmoriert. Die Scheren sind meist blau gefärbt, ebenfalls die Schreitbeine. Bei der Pflege in hartem Wasser wechselt die Farbe in ein hübsches Grünbraun.
TEMPERATUR 10 bis 30 °C.
PFLEGE Vorsicht, der Krebs vermehrt sich rasend schnell, auch wenn Sie nur ein Exemplar kaufen. Ein Becken von 100 Litern ist für die Tiere geeignet. Pflanzen sollten keine verwendet werden, diese werden umgehend gefressen. Bei hohen Populationsdichten neigen die Marmorkrebse zu extremem Kannibalismus. Die Tiere dürfen unter keinen Umständen im heimischen Teich gehalten werden, da eventuell flüchtende Krebse unvorhersehbare Folgen für die heimische Fauna hätten!

Orangenzwergkrebs
Cambarellus patzcuarensis

SYNONYME Oranger Lobster, Mandarinenkrebs, Patzcuaro-Zwergkrebs.
GRÖSSE Kleiner Krebs von nur 30–50 mm Körperlänge, dabei sind die Weibchen ca. 10 mm größer als die Männchen.
Bemerkung: Die ähnlichen Arten *C. montezumae* (Montezuma-Zwergkrebs) und *C. shufeldtii* (Shufeldts Zwergkrebs) werden hier nicht extra aufgeführt, da sie morphologisch fast identisch sind und ähnliche Ansprüche haben.
VERBREITUNGSGEBIET *C. patzcuarensis* stellt eine endemische Krebsart dar, d.h. sie kommt in der Natur ausschließlich im Lago de Pátzcuaro (Bundesstaat Michoacán/Mexiko)und den umgebenden Bächen und Tümpeln vor.
ÖKOLOGIE Die graue Naturform wächst trotz des relativ kühlen Klimas (der See liegt im Hochland) recht zügig heran. Jungtiere erreichen schon mit 4 Monaten die Geschlechtsreife und setzen in diesem Alter auch schon die ersten Eier an. Da die Tiere nur ein bis zwei Jahre leben, ist die frühe Geschlechtsreife auch sinnig. Gefressen wird alles, was der kleine Krebs in die Scheren bekommt: Mückenlarven, Schnecken, Detritus, verrot-

tendes Laub, tote Fische etc. Grüne Wasserpflanzen stehen aber nicht auf dem Speiseplan, lediglich absterbende Pflanzenteile werden gefressen.

ALLGEMEIN Der Orangenzwergkrebs, in Liebhaberkreisen auch nur kurz CPO genannt, wurde vor einigen Jahren aus der grauen Naturform durch Zufall herausgezüchtet. Die Anfangs schwindelerregenden Preise sind nun dank einiger professioneller Züchter auf ein erträgliches Maß gesunken, mehr als 25 Euro muss man für ein Paar nicht mehr bezahlen. Kein anderer Krebs eignet sich besser für ein kleineres oder mittleres Gesellschaftsaquarium, schon aufgrund seiner hervorstechenden Farbe. Die größten Vorteile des CPO sind die geringe Größe, die Farbenprächtigkeit, dazu ist er kein Pflanzenfresser und gegenüber Artgenossen und Fischen sehr friedlich.

BESCHREIBUNG Gute Zuchtstämme besitzen eine dunkelorange Farbe mit Streifungen oder Flecken. Helle Tiere werden leider häufiger angeboten, sind aber bei Weitem nicht so attraktiv. Weibchen besitzen kurze schmale Scheren, die Männchen weisen lange lanzettförmige Scheren auf, die sie Artgenossen bei Kontakt drohend entgegenstrecken.

TEMPERATUR Eine Heizung wird nicht benötigt, da die Tiere in ihren heimatlichen Biotopen eher kühleren Temperaturen ausgesetzt sind. Das optimalste Wachstum mit geringster Mortalitätsrate hat sich in meiner Zucht bei ca. 26 °C eingestellt. Bei dieser Temperatur erfolgten in den ersten Wochen fast täglich Häutungen und das Wachstum kann von Tag zu Tag mitverfolgt werden. Es sollte beachtet werden, dass Jungtiere von Zuchtstämmen, die über Generationen bei konstanten Temperaturen gezogen wurden, auf diese Parameter adaptiert sind. Deswegen kommt es auch in Publikationen z.T. zu erheblichen Abweichungen, was die Temperaturfrage angeht.

PFLEGE Die Art lässt sich aufgrund der geringen Größe auch in kleinen Becken pflegen, jedoch sollte die Mindestgröße ein 60-Liter-Becken darstellen. In einem gut strukturierten Aquarium lassen sich ca. 3–4 Pärchen halten. Als Untergrund kann jedes beliebige Material eingesetzt werden. Das Becken sollte gut bepflanzt werden (z.B. Javamoos, Teichlebermoos, Süßwassertang, *Monosolenium tenerum*). Moorholz sollte nicht fehlen, da der Nachwuchs hier viele Mikroorganismen vorfindet. Schwimmendes Teichlebermoos wird täglich gerne aufgesucht, um abgestorbene Pflanzenteile zu vertilgen.

Red Claw
Cherax quadricarinatus

SYNONYM Rotscherenkrebs.
GRÖSSE Ausgewachsen ca. 200 mm bei einem Maximalgewicht von über 500g.
VERBREITUNGSGEBIET Im Norden Australiens und Neuguinea. Weltweite Verbreitung fand der Krebs durch den Speisekrebshandel. Mittlerweile gibt es gigantische Krebsfarmen in Brasilien, Ecuador, Mittelamerika und Asien.
ÖKOLOGIE Der Red Claw ist kein typischer „Gräber" wie der Yabby, man findet ihn eher unter Totholzbeständen, zwischen Wasserpflanzen und unter überhängender Uferböschung. Bewohnt werden Teiche, Tümpel, Restgewässer, Kanäle, Flüsse und kleine Bäche.
ALLGEMEIN Der Rotscherenkrebs ist mittlerweile im Zoofachhandel gut vertreten. Die Preise für den Krebs sind gering, die Haltung ist auch für den Anfänger einfach.
BESCHREIBUNG Im Aquarium werden die Krebse nur selten Größe und Gewicht der Farmkrebse erreichen. Red Claws sind blaugrünlich von der Grundfärbung mit gelben Sprenkelungen. Als auffallendstes Merkmal besitzen die Männchen an der Unterseite der Scheren einen intensiven, weithin sichtbaren Fleck, auch Blasenfleck genannt. Er wird in etwa mit der Geschlechtsreife des Männchens sichtbar. Ob der Fleck nur als Signalgeber gebraucht wird, ist noch nicht ganz geklärt.
TEMPERATUR 18 bis 30 °C, optimal wächst und vermehrt sich die Art bei 25 bis 26 °C.
PFLEGE Einem Pärchen sollte ein Becken mit ca. 150 Litern zur Verfügung stehen, wie bei den meisten *Cherax*-Arten ausgestattet mit Kies-Sand-Gemisch, Felsaufbauten und Moorholz. Herbstlaub oder Seemandelbaumblätter sollten nicht fehlen. Die Art ernährt sich überwiegend vegetarisch. Zwischendurch werden aber auch gerne Schnecken, Würmer oder Frostfutter verzehrt. Wasserpflanzen werden sehr gern gefressen, verzichten Sie also im Vorfeld schon darauf. Einer Vergesellschaftung mit Fischen und Garnelen steht nichts im Weg, die Rotscherenkrebse sind sehr friedlich.

Yabby
Cherax destructor

SYNONYME Zerstörer.
GRÖSSE Yabbys erreichen bis zu 200 mm.
VERBREITUNGSGEBIET Australien, dort in Victoria, New South Wales, Queensland, Northern Territory. Heute ist der Krebs durch die weitverbreitete Speisekrebszucht in vielen Teilen der Erde vertreten.
ÖKOLOGIE Yabbys sind typische Bewohner von trüben und langsam fließenden Kanälen, Seen, Teichen, Tümpeln und Sümpfen. Nicht selten sind diese Gewässer restlos mit Wasserpflanzen zugewuchert. Als ökologische Anpassung an diese auch teilweise austrocknenden Gewässer kann sich der Krebs auch eingraben und feucht „verpackt" sogar mehrere Monate überdauern. Gegrabene Gänge von 5 m sind keine Seltenheit.
ALLGEMEIN Der Yabby, im Deutschen aufgrund seiner intensiven Grabtätigkeit auch Zerstörer genannt, kommt ursprünglich aus Südostaustralien. Er gehört heute – neben *C. quadricarinatus* – zu den in der professionellen Aquakultur am weitesten verbreiteten Flusskrebsen weltweit. Übrigens, Yabbys können bis zu 350 g schwer werden, jedoch werden die Krebse in der Aquakultur aufgrund ökonomischer Zwänge schon mit 40–100 g „geerntet". Tiere mit auffallend großen Scheren und prägnanter tiefblauer Farbe werden immer häufiger aussortiert und dem Zoofachhandel angeboten.
BESCHREIBUNG Augenfälligstes Merkmal des Yabbys sind die stark verdickten Scheren, was ihm auch den Namen gab. Diese sind häufig von blauer Farbe mit viel Rot an den Gelenken. Mittlerweile werden auch rein blaue Tiere importiert. Die Farbvariabilität dieses Krebses ist enorm, von Schwarz, Blau, Orange, Grünlichblau etc. kann alles vertreten sein. Meist haben die Tiere auf der Scherenoberseite ein hell gesprenkeltes Muster.
TEMPERATUR Optimale Wachstumsraten erreicht man bei 25 bis 28 °C.
PFLEGE Die Krebse werden in Gefangenschaft sehr alt, auf 10 Jahre (bei guter Pflege) sollten Sie sich einstellen. Bei dauerhaft hohen Temperaturen muss aufgrund der erhöhten Stoffwechselrate auf eine ausreichende Sauerstoffversorgung geachtet werden (Strömungspumpen mit Diffusor). Die Sauerstoffsättigung sollte über 4 ppm (parts per million) liegen, um ein gutes und gesundes Wachsen

der Krebse zu gewährleisten, jedoch können die Tiere auch für kurze Zeit sogar Sauerstoffraten von 0.5 ppm ertragen. Dies jedoch führt durch die hohe Stressbelastung zu Anfälligkeiten gegenüber Krankheiten. Der pH-Wert sollte zwischen 7 und 8,5 liegen. Die Tiere sollten am besten in mittelhartem oder hartem Wasser gehalten werden, da Krebstiere zu einem hohen Anteil den Mineralienbedarf, z.B. für den Panzer, aus dem Wasser entnehmen. Wasser, das arm an Mineralien ist, führt deshalb oft zu Häutungsschwierigkeiten (fehlende Extremitäten, Verkrüppelung oder sogar Tod). Ein geräumiges Aquarium von einem Meter Beckenlänge sollten Sie einem Pärchen zugestehen. Als Substrat sind grober Kies, Sand und einige Moorkienholzwurzeln geeignet. Gestalten Sie das Becken aber nicht zu sehr nach Ihrem Geschmack, denn Krebse haben meist eine andere Ansicht von einer vernünftigen Wohnlage als wir. Graben gehört für diese Art zum normalen Verhalten! Die Tiere sind miteinander ohne Probleme zu vergesellschaften und neigen wenig zu Aggressionen. Fische können ohne Probleme mit ins Becken gesetzt werden, sie werden meist ignoriert. Pflanzen werden oft nicht gefressen, aber durch die Grabtätigkeit stark in Mitleidenschaft gezogen, verzichten Sie am besten darauf. Yabbys sind, was die Ernährung angeht, absolute Opportunisten. Im juvenilen Stadium nehmen die Tiere vermehrt proteinreiche Nahrung (Larven, Würmer, Schnecken, Wasserinsekten, Fische, Frösche, Kaulquappen etc.) zu sich. Im adulten Stadium wechseln die Fressgewohnheiten zu überwiegend pflanzlicher Kost, wie z.B. Detritus (totes organisches Material), das auch in Form von selbst gesammeltem Herbstlaub ins Aquarium eingebracht werden kann. Dies besiedelt sich schnell mit allerlei Bakterien und Pilzen, die sehr proteinreich sind und den Bedarf des adulten (erwachsenen) Tieres decken. Nagerpellets sollten nicht fehlen, da diese mit Mineralien und Vitaminen angereichert sind.

Tigerkrebs
Cherax sp. var. 'Tiger'

SYNONYM Zebrakrebs.
GRÖSSE Tigerkrebse erreichen eine Endgröße von ca. 120 mm.
VERBREITUNGSGEBIET Wahrscheinlich Papua-Neuguinea, genaue Fundorte sind aber noch unbekannt.
ÖKOLOGIE Da keine verlässlichen Auskünfte über das Ursprungshabitat gemacht werden können, sind alle Angaben zur Biologie reine Spekulation. Niedrige Temperaturen verträgt diese Krebsart nicht gut, was auf eine Verbreitung im Tiefland schließen lässt. Wasserpflanzen werden nicht gefressen, auch Fischen gegenüber ist der Krebs sehr gut verträglich.
ALLGEMEIN Der Tigerkrebs war einer der ersten *Cherax*-Krebse, die aus Neuguinea exportiert wurden. Die Art ist in fast allen größeren Zoofachgeschäften mittlerweile ohne Probleme zu beschaffen, und der Preis ist dank der vielen Nachzuchten auch erfreulich, ca. 12–20 Euro je nach Größe. Dieser Krebs kann jedem Anfänger empfohlen werden, um Erfahrungen bei der Zucht größerer tropischer Krebse zu machen.
BESCHREIBUNG Nicht alle Tiere, die Tigerkrebs heißen, gehören zur gleichen Farbmorphe. Etliche haben abweichende Bänderungen auf dem Abdomen, oder die Bedornung am Carapax weicht leicht ab. Der Carapax weist häufig blaue, weiße oder leicht bräunliche Farben auf, mit einem weißen Rand. Das Abdomen ist durch die typische Zebrazeichnung gekennzeichnet und trägt eine dunkle Grundfarbe mit hellen, weißen oder gelben Streifen.
TEMPERATUR 20 bis 25 °C.
PFLEGE Ein Pärchen oder ein Männchen mit drei Weibchen kann man ohne Probleme in einem größeren Becken halten. Die Mindestgröße für ein Pärchen liegt bei 80 cm Kantenlänge. Sand-Kies-Gemisch mit vielen Höhlenaufbauten aus Steinen, Moorholz oder Bambusröhren. Herbstlaub als dünne Schicht auf den Boden gestreut kommt dem sich überwiegend von Detritus und altem Laub ernährenden Krebs zugute. Es werden aber auch alle anderen handelsüblichen Futtersorten wie Flockenfutter, Tabletten, Frostfutter etc. gefressen. Ab und zu ein kleiner Regenwurm oder eine Posthornschnecke bessert den Speiseplan auf.

Sternkrebs
Cherax sp. var. 'Blue Moon'

GRÖSSE Bis ca. 150 mm.
VERBREITUNGSGEBIET Vermutlich Vogelkop-Halbinsel West-Papua.
ÖKOLOGIE Nichts Näheres bekannt. Womöglich ähnlich wie die anderen *Cherax* Vertreter.
ALLGEMEIN Blue Moon, ein einfallsreicher und verkaufsfördernder Name, nichtsdesto trotz auch ein wirklich äußerst attraktiver Krebs, den auch ich mir schnell „besorgen" musste. Die Tiere gewöhnen sich schnell ein, und die erste Häutung lässt nicht lange auf sich warten. Leider heißt das noch lange nicht, dass auch Eier angesetzt werden.
BESCHREIBUNG Ein kleinerer Vertreter aus der Cherax-Gruppe, der durch die dunkle stahlblaue Färbung, die am gesamten Körper gezeigt wird, sofort auffällt. Der äußere Rand des Schwanzfächers ist attraktiv orange gefärbt. Carapax und Scheren sind von winzigen weißen Punkten überzogen. Männliche Tiere tragen an der Scherenunterseite einen auffallend weißen Blasenfleck.
TEMPERATUR 20 bis 27 °C.
PFLEGE Aquarien von 150 Litern sind für zwei Tiere ausreichend. Viele Höhlen anbieten, da die Tiere auch nach langer Haltung außerordentlich scheu sind. Die Krebse fressen sehr gern Seemandelbaumblätter, aber auch andere Laubarten wie Buche und Haselnuss. Sehr gern werden Nagerpellets genommen. Meine Tiere halten sich niemals zusammen in einer Höhle auf. Streitigkeiten sind aber nur unter Männchen erkennbar, weibliche Tiere werden ignoriert.

Aprikosenkrebs
Cherax holthuisi

SYNONYM *Cherax sp.* 'Orange'.
GRÖSSE Gesamtlänge von 80–120 mm.
VERBREITUNGSGEBIET Es verdichten sich die Hinweise, dass diese Krebsart auf der Vogelkop-Halbinsel West-Papuas vorkommt.
ÖKOLOGIE Auch hier ist eine verlässliche Auskunft über die Biologie der Tiere äußerst schwierig. Da sie auch in sehr ruhigen Aquarien ohne Fischbesatz nur sehr vorsichtig agieren, außerdem nur nachtaktiv sind, lässt sich eventuell auf eine höhlenbewohnende Art schließen oder auf einen großen Prädatorendruck im Habitat.
ALLGEMEIN Aprikosenkrebse wurden erst vor Kurzem entdeckt und exportiert. Sie haben relativ große Scheren, trotzdem sind sie sehr friedlich. Die Augen sind im Verhältnis zum Körper recht klein, es kann also durchaus sein, dass es sich um eine höhlenbewohnende Art handelt, zumindest aber eine mit einer eher zurückgezogenen Lebensweise.
BESCHREIBUNG Aprikosenkrebse sind mittelgroße Krebse mit knallorangener bis gelber Färbung. Es gibt noch eine andere Farbvariante, die blaugrau oder sogar fast weiß gefärbt ist. Die Art besitzt die typischen *Cherax*-Scheren, die wie schon erwähnt recht groß sind.
TEMPERATUR Die Temperatur sollte nicht unter 20 °C fallen, da die Tiere sehr wärmeliebend sind.
PFLEGE Die Haltung ist sehr einfach. Richten Sie den Aprikosenkrebsen ein typisches *Cherax*-Becken ein, mit viel Kies, Steinaufbauten, Moorholz und einer dicken Schicht Laub (Seemandelbaumblätter helfen den Bakteriendruck im Aquarium zu senken). Ein pH-Wert von 6 bis 8,5 wird sehr gut vertragen. Als Grundfutter sollten vegetarische Elemente vorherrschen, gefrorener Spinat, Erbsen, Möhren, Mais und anderes wird sehr gern genommen. Flockenfutter, Futtertabletten etc. einmal pro Woche als Leckerbissen ist genug. Außerdem sollten Sie wöchentlich tierisches Protein reichen, dies kann in Form eines Regenwurmes oder einer Schnecke geschehen.

Purpurprachtkrebs
Cherax sp. var. 'Hoa Creek'

GRÖSSE 100 bis 130 mm.
VERBREITUNGSGEBIET Vogelkop-Halbinsel West-Papua, bisher nachgewiesen in einem kleinen Fluss (Hoa Creek) mit steinigem Untergrund und Klarwasser.
ÖKOLOGIE Nichts Näheres bekannt. Womöglich ähnlich wie bei den anderen *Cherax*-Vertretern.
ALLGEMEIN Einer der aufregendsten Neu-Importe aus Papua. Atemberaubende Farben, relative Friedfertigkeit und eine akzeptable Endgröße werden diesen Krebs wohl in viele Aquarien bringen.
BESCHREIBUNG Carapax pinkfarben bis bläulich, nach hinten dunkel zulaufend. Das Abdomen weist ein sehr dunkles Violett oder sogar Schwarz auf. Schereninnenseiten blau, Außenseite bei den Männchen mit weißem Blasenfleck. Über die Endgrößen vieler aktuell importierter Krebse wird man wohl erst in einiger Zeit verlässliche Aussagen machen können, da man sich nicht sicher sein kann, ob die gefangenen Tiere auch ausgewachsen waren.
TEMPERATUR Temperaturen von 20 bis 27 °C werden gut vertragen.
PFLEGE Starke Gräber, deswegen viel Kies und Holz, wenige oder keine Wasserpflanzen. Aquarien um 150 Liter sind für ein Pärchen angemessen. Höhlenverstecke sollten selbstverständlich zur Verfügung gestellt werden. Die Krebse fressen mit Vorliebe Seemandelbaumblätter, aber auch andere Laubarten wie Buche und Haselnuss. Sehr gern werden Nagerpellets genommen. Wasserpflanzen werden nicht gefressen, sollten jedoch aufgrund der starken Grabtätigkeit gut festgebunden werden. Männchen sind untereinander streitsüchtig.

Ziegelroter Papuakrebs
Cherax sp. var. 'Red Brick'

GRÖSSE Ein mit 200 bis 250 mm recht großer Krebs.

VERBREITUNGSGEBIET Flüsse und Seen der Bergregion von Papua.

ÖKOLOGIE Über die Lebensweise dieses Krebses in den Ursprungshabitaten ist bislang noch nichts bekannt. Dies sollte sich aber in den nächsten Jahren dank der großen Forschungstätigkeit vieler Wirbellosenfreunde bald ändern.

ALLGEMEIN Der Ziegelrote Papuakrebs wurde erst vor Kurzem erstmals nach Deutschland importiert. Aus Papua überrollt uns zur Zeit eine Welle wissenschaftlich noch unbeschriebener Arten, was die Spannung in Haltung und Pflege steigert.

BESCHREIBUNG Die Art ist von ziegelroter bis rotbrauner Farbe. Bei adulten Tieren sind die Scheren blauschwarz-rötlich und gehen zu den Scherenspitzen hin in eine tiefschwarze Farbe über. Die Scherenaußenseite weist bei den männlichen Vertretern einen weißen Blasenfleck auf.

TEMPERATUR Um 20 °C.

PFLEGE Aquarien von 200 Litern sind für ein Paar genau richtig. Sie sollten ein Aquarium von möglichst großer Grundfläche wählen, die Beckenhöhe ist dabei nicht von ausschlaggebender Bedeutung. Die Tiere brauchen mittelhartes Wasser und einen neutralen pH. Gefressen wird alles, was irgendwie fressbar erscheint. Weiches Laub wird gern abgenagt, Frostfutter und Flockenfutter sollten einmal wöchentlich verabreicht werden, ebenso ein kleiner Regenwurm. Zusätzlich können noch gefrorene Spinatblätter, Erbsen und Möhren verfüttert werden.

- Filtertechnik 61
- Beleuchtung und Heizung 65
- Wasserpflanzen 66
- Krebstiere kaufen 68
- Eingewöhnung 70

Fadenalgen treten in einem neuen Aquarium oft auf, sind aber gut für Garnelen.

Saubermänner und penible Zeitgenossen werden wenig Freude an der Haltung von Garnelen und Krebsen haben. Diese Tiere lieben das, was wir als „Schmutz" empfinden, was aber eigentlich Detritus (lat. „Abfall") ist. Detritus stellt totes organisches Material dar, das aus abgestorbenen Organismen, wie z.B. toten Pflanzen und Tieren, durch weitere Umsetzung durch Bakterien und Pilze entsteht.

Das neue Aquarium

Man sollte sich im Klaren sein, dass ein völlig neu eingerichtetes Becken erst einmal keinerlei Bakterienmengen, wie sie zum Schadstoffabbau benötigt werden, enthält. Dazu muss das Becken zuvor „eingefahren" werden. Was versteht man darunter? Ganz einfach, organische Belastungen, wie z.B. Fischkot, absterbende Pflanzenteile, Futterreste und dergleichen, müssen abgebaut werden, dies erledigen verschiedene Bakterienarten.
Unterstützen können Sie die Bakterien, indem Sie das Becken mit schnell wachsenden Wasserpflanzen einrichten, dies hat den

Das natürliche Habitat von *Atya scabra* **ist eher karg und arm an Pflanzen.**

INFO

Stoffabbau im Aquarium
Stufe I: Ammoniumbakterien wandeln Ammonium in Nitrit um.
Stufe II: Nitrobacterbakterien verstoffwechseln Nitrit zu Nitrat.
Stufe III: Nitrat muss durch einen Teilwasserwechsel entfernt werden.

Vorteil, dass diese umgehend mit dem Schadstoffabbau beginnen und dem Aquarienwasser die Nährstoffe entziehen, sie oft hauptsächlich für übermäßiges Algenwachstum verantwortlich sind. Im Handel gibt es mittlerweile auch sogenannte Bakterienstarterkulturen zu kaufen. Diese beschleunigen die „Einfahrphase“ des Aquariums immens.

Welches Aquarium darf es sein?

Die entscheidende Frage, mit der sich der zukünftige Wirbellosenhalter beschäftigen muss, ist die passende Einrichtung des Aquariums, um den Ansprüchen von Krebsen und Garnelen gerecht zu werden. Ein nicht unerheblicher Anteil der Aquarianer möchte zudem die Krebstiere mit vielen bunten Fischen und Wasserpflanzen zusammen halten, also ein Gesellschaftsbecken pflegen. Unter Beachtung einiger wichtiger Punkte steht diesem Wunsch nichts entgegen. Allerdings gibt es auch noch andere Möglichkeiten, unsere „gepanzerten Ritter“ zu pflegen, nämlich im Art- oder Biotopbecken, ein mittlerweile stark zunehmender Trend.

Große Buntbarsche, wie Mikrogeophagus ramirezi, sind besonders in der Laichzeit für ein Krebstierbecken nicht zu empfehlen.

Gesellschaftsbecken

Im Gesellschaftsbecken ist die Haltung von Krebsen, Garnelen und Fischen problemlos möglich, wenn die Zusammenstellung der einzelnen Tiergruppen vernünftig erfolgt. Größere Krebse eignen sich naturgemäß gut für ein Barschbecken oder friedliche Großwelse. Beide Tiergruppen, Krebse und Barsche, haben in etwa ähnliche Größen und respektieren sich nach einer Eingewöhnungsphase. Achten Sie darauf, das einige Krebsarten Wasserpflanzen nur als zusätzliche Kost ansehen und innerhalb weniger Tage ein Becken völlig kahl fressen können.

Biotopaquarium

Die Einrichtung eines Biotopaquariums erfolgt meist aus der Absicht heraus, das natürliche Habitat einer bestimmten Art genau nachzuahmen. Die Umsetzung erfordert Kenntnisse über abiotische (Klima, Licht, Strömung, Wasserchemie, Wärme, Temperatur etc.) und biotische (Prädation, Konkurrenz, Populationsdichte etc.) Verhältnisse vor Ort, man will ja schließlich authentisch bleiben.
Wer also das typische Umfeld einer Amano-Garnele *(Caridina multidentata)* imitieren möchte, muss sein Aquarium wie einen typischen Bergbach einrichten. Dies bedeutet im Einzelnen, keine Wasserpflanzen einzusetzen, grobe Kiesel und Sand als Bodengrund zu verwenden, Moorkienholz (diese imitieren mitgerissene Bruchstücke von Ufergehölz) einzusetzen und zuletzt noch eine starke Strömungspumpe anzubringen. Wer nicht gänzlich auf Pflanzenbewuchs verzichten möchte, kann in Hydrokultur gezogene Efeututen *(Scindapsus pictus)* in der Nähe der Wasseroberfläche befestigen. Die Pflanze treibt schon nach kurzer Zeit Luft- wie auch normale Haltewurzeln ins Aquarium hinein, die als Ruhe-, Versteck- und Weideplatz dienen. Außerdem entziehen diese Nitrat und viele andere Nährstoffe aus dem Wasser. Allerdings wäre hier schon die Authentizität verloren gegangen, da es sich um eine Pflanze einer anderen Region handelt.
Ähnlich sieht die Biotopeinrichtung auch für viele Arten der Gattung *Macrobrachium*, den Langarmgarnelen, oder die in jüngster Zeit häufiger importierten und farblich äußerst interessanten Krebse der Gattung *Cherax* aus. Hier sollten auf alle Fälle noch genügend Höhlen in Form von Steinaufbauten oder Moorholz mit eingebaut werden.

Der Ziegelrote Papuakrebs braucht Platz und ein strukturiertes Aquarium. Höhlen (rechts) sind gut als Verstecke für Krebse geeignet.

Artbecken

Im Artbecken wird nur eine einzige Art gepflegt, dies kann sehr reizvoll sein. Die Tiere können sich hier völlig ungestört entwickeln und zeigen häufig ein im Gesellschaftsbecken nicht vorgetragenes Verhalten. Konkurrenz durch eine eventuell überlegene und dominierende Art fällt weg. Balz-, Paarungs- und Aufzuchtverhalten kann meist sehr viel besser beobachtet werden.
Wenn Sie vorhaben, Zwerggarnelen im Artaquarium zu halten, sollten Sie einige wichtige Dinge beachten, z.B. harmonisieren nicht alle Zwerggarnelenarten miteinander. Es kommt vor, dass mit der Zeit aufgrund besonderer Eigenschaften, wie Verhalten oder Morphologie, die eine Art die andere unterdrückt und letztlich verdrängt.
Am Beispiel der Redfire-Garnele kann dieser Verdrängungswettbewerb aufgezeigt werden: Die mittlerweile in viele Länder verschleppte Garnele hat sich, aufgrund ihrer Robustheit, im Freiland in kürzester Zeit stark vermehrt und nimmt zunehmend Lebensraum in Beschlag. Aus gutem Grund heißt sie auch Invasionsgarnele! Bei der Nahrungssuche kann im Aquarium oftmals beobachtet werden, wie Redfire-Garnelen in hoher Gruppen-

INFO

Klettern Garnelen und Krebse?
Es gibt die Fraktion der Kletterkünstler und jene der Bequemen. Kletterer sind z.B. Amano-Garnelen, viele Langarmgarnelen und die meisten Krebsarten. Dabei muss nicht unbedingt schlechte Wasserqualität, Fressfeinde oder mangelhaftes Nahrungsangebot schuld sein. Die Tiere sind oft einfach neugierig und scheuen sich nicht, andere, vielleicht bessere Lebensräume zu erobern. Die Fraktion der Bequemen, zu denen die meisten Zwerggarnelen gehören, ist in dieser Hinsicht völlig unproblematisch.

Achten Sie beim Kauf von weniger bunten Tieren auf glänzende Panzer und Bewegungsfreude.

TIPP

Sorgfältige Auswahl der Pfleglinge
Wer zu den Wirbellosen ins Biotopbecken noch Fische der gleichen Region einsetzen möchte, sollte sich im Klaren sein, das ein Biotopaquarium nur einer begrenzten Anzahl von Tieren Lebensraum bietet. Dies gilt auch für die Quantität der verschiedenen Arten. Die miteinander im Biotop ansässigen Wirbellosen, Pflanzen, Fische und Schnecken müssen in der Enge eines Aquariums – sei es auch noch so groß – noch lange nicht friedlich miteinander auskommen. Fluchtraum wie in der Natur fehlt hier!

stärke eingebrachtes Futter in Beschlag nehmen und schon aufgrund ihrer Masse und Schnelligkeit kaum Raum und Nahrung für andere Garnelen übrig lassen. Die auch unter ungünstigen Bedingungen hohe Vermehrungsrate und die große Temperaturtoleranz zeigen die überaus hohe Anpassungsfähigkeit. Von einzelnen Arten der *Neocaridina* weiß man auch, dass sie chemische Botenstoffe zur Unterdrückung, z.B. zur Wachstumshemmung, anderer Arten abgeben. Auch bei der Haltung von Krebsen im Artaquarium sollte man darauf achten, es nicht in zu hoher Individuendichte zu besetzen. Krebse sind von Natur aus Einzelgänger und benötigen keinen Partner. Einzelhaltung ist demnach keine Tierquälerei, sondern artgerecht. In einem 200-Liter-Becken sollte beispielsweise nicht mehr als ein Pärchen *Cherax sp.* eingesetzt werden, schon aufgrund seiner zum Teil enormen Endgröße. Viele Krebsarten sind auch überaus territorial und verteidigen ihr Revier verbissen. Dies kann dazu führen, dass der unterlegene Gegner getötet wird. Es empfiehlt sich, immer mehr Höhlen als Tiere im Aquarium einzubringen, viele Krebse sind äußerst wählerisch, was ihre Behausung angeht. Das Becken sollte man gut strukturieren, dies kann mit Steinaufbauten oder Moorholz geschehen. Eine dicke Schicht Herbstlaub hilft auch, eventuellen Nachwuchs sicher vor kannibalischen Verwandten zu verstecken. Außerdem dient es auch als ideale Grundlage für Mikroorganismen, Pilze und Einzeller.

Eine gute Sauerstoffversorgung und klares Wasser sind wichtig.

INFO

Ein Filter kann nicht alles
Handelsüblich erhältliche Filter können kein Nitrat im Wasser abbauen, lediglich werden die organischen Bestandteile wie Fischkot, Reste der Fütterung und absterbende Pflanzenteile in Kohlenstoff, Nitrat etc. weiterverarbeitet. Nitrat reichert sich mit der Zeit an und muss aus dem Becken entfernt werden. Sie sehen also, wie wichtig der wöchentliche Wasserwechsel ist.

Filtertechnik

Kein Thema wird so heiß diskutiert, wie das der geeignetsten Filterung. Auf dem Markt finden wir für alle Bedürfnisse zugeschnittene Filterungssysteme. Diese reichen vom einfachen „Blubberfilter" für das 54-Liter-Becken über großdimensionierte Topffilter mit eingebauter Heizung bis zu kompletten Biofilteranlagen, die fast die gleiche Größe wie das Aquarium haben und im Unterschrank verborgen werden.

Was bewirkt ein Filter?

Filter sollen in erster Linie auf biologische Art und Weise anfallende organische Stoffe abbauen, man nennt dies auch „mineralisieren". Dies geschieht durch verschiedenste Mikroorganismen, auch Destruenten genannt. Leider erfüllen viele handelsübliche Filtertypen diese Bedingungen nicht, da sie aufgrund ihrer Raumgröße und der Durchflussgeschwindigkeit den Bakterien nicht genug Zeit für ihre Arbeit lassen, weil die zu besiedelnde Fläche auch viel zu gering ist.

Der Alleskönner – Hamburger Mattenfilter

Der Hamburger Mattenfilter wurde vor einigen Jahren auf Internetseiten erstmals der breiten Öffentlichkeit vorgestellt. Dieser wartungsarme Filter besteht lediglich aus einer dünnen, meist blauen Schaumstoffmatte. Diese Matten werden in unterschiedlichen Porengrößen angeboten. Gute Erfahrungen habe ich mit 30 mm dicken Matten und fei-

Der Hamburger Mattenfilter ist einfach und effektiv.

INFO

Vorteile des Hamburger Mattenfilters

- wartungsarm
- arbeitet rein biologisch
- reduzierte Mulmmenge
- kostengünstig
- variable Bauform
- aerober Filter
- hohe biologische Stabilität

ner Porengröße gemacht. Die Mattengröße entspricht ungefähr der Abmessung der Seitenscheibe, in die sie mit ca. 20 mm Abstand zur Scheibe eingeklemmt wird. Dahinter kann nun entweder eine Strömungspumpe angebracht werden oder aber ein „Blubberfilter“ auf Lufthebebasis. Damit die siedelnden Bakterien optimal organische Stoffe abbauen können, sollte die Strömungsgeschwindigkeit 5–10 cm/Minute betragen. Über das Internet sind auch fertige Hamburger Mattenfilter zu beziehen, die nur noch ins Aquarium gestellt werden. Diese Filtervariante hat sich wegen ihrer Effektivität gepaart mit günstigem Einkaufspreis bei vielen Wirbellosenhaltern durchgesetzt.

Junggarnelen im Filter, was nun?

Garnelen werden, auch nicht vom stärksten Filter, einfach so in den Filter gesaugt. Falls Sie Garnelen dort vorfinden, dann weil diese aktiv den Weg hineinwagen, um an den Filtermulm zu kommen, die nahrhafteste Stelle im gesamten Aquarium. Fall Sie dies nicht möchten, schneiden Sie einfach einen feinporigen Filterschwamm passend und setzen ihn auf den Ansaugstutzen des Außenfilters. Oder verwenden Sie einfach einen Hamburger Mattenfilter, dann tritt dieses Problem von vornherein nicht auf.

Eine *Atya scabra* **filtert Nahrung in der starken Strömung eines Baches.**

Strömung im natürlichen Lebensraum

Einige Vertreter unter den Zehnfußkrebsen kommen auch ohne Wasserströmung zurecht, sie besiedeln dann aber meist stark verkrautete Gewässer. Diese bieten tagsüber durch starke Sonneneinstrahlung und der damit verbundenen hohen Fotosyntheserate im Überfluss Sauerstoff, haben aber nachts ein Sauerstoffdefizit. Die Tiere müssen dann an die Oberfläche, um Luftsauerstoff aufzunehmen. Die große Mehrheit der Krebstiere jedoch liebt klares, schnell fließendes und sauerstoffreiches Wasser. Es versorgt den Organismus durch kontinuierlichen Zufluss mit essenziellen Spurenelementen, Mineralstoffen in Form von Nahrungspartikeln und natürlich Sauerstoff.

Strömungswirkung im Zuchtbecken

Die Strömung hat für uns noch eine zweite wichtige Funktion. Durch die ständige Wasserbewegung werden gelöster Sauerstoff, Spurenelemente, Mineralstoffe etc. im ganzen Aquarium gleichmäßig verteilt, „tote Ecken" sind ausgeschlossen. Gelege müssen so mit niedrigerer Frequenz gefächelt werden, was die zu erbringende Energieleistung der Weibchen erheblich verringert. Bakterien und Pilze haben in einem solchen Milieu weniger Angriffsfläche, das Absterben der Embryonen durch Verpilzen der Eier und Bakterienbefall wird stark vermindert.

In der Natur gehören temporäre Mangelzeiten für die Tiere zum immer wiederkehrenden Geschehen. Durch sinkende Wasserstände und verstärktes Falllaub – viele Laubbäume werfen während der Trockenzeit ihre Blätter ab, um zu starken Wasserverlust durch Verdunstung zu minimieren – verschlechtert sich die Wasserqualität rapide. Der Sauerstoffgehalt sinkt, Versteckmöglichkeiten werden knapp, meist sinkt auch der pH-Wert rapide durch die Anreicherung des Wassers mit Huminsäuren. Eine wichtige Eigenschaft aller Garnelen und Krebse ist die Fähigkeit, Wasser im Kiemenraum zu speichern. Dadurch sind sie selbst bei geringer Feuchtigkeit in der Lage, außerhalb des Wassers Wanderungen zu unternehmen, um Gewässer in ihrer Nähe zu finden, die bessere Lebensbedingungen bieten. Diese Wanderungen erfolgen stets in der Nacht, da die Tiere vielen natürlichen Fressfeinden ausgeliefert sind. Außerdem ist durch den einsetzenden Nachttau die Versorgung des Körpers mit Feuchtigkeit gesichert. Meist werden diese Wanderungen bei Garnelen in Gruppen unternommen, Krebse wandern meist nur einzeln. Auch im Aquarium kann man Migrationen dieser Art erleben. Allzu oft macht auch der Neuling bittere Erfahrung mit wandernden Krebsen oder Garnelen, meist wenn diese nach Tagen oder sogar erst nach Wochen unter dem Wohnzimmerschrank vertrocknet gefunden werden. Nicht alle Arten sind zu Ausbrüchen dieser Art veranlagt. Es gibt mehr oder weniger aktive Arten, manche verlassen nie das Aquarium und klettern höchstens in den offenen Innenfilter, um nach Nahrung zu suchen.

INFO

Wandernde Garnelen

Amano-Garnelen sind Spezialisten darin, auch die kleinste Öffnung des Aquariums zu finden. Man weiß heute noch nicht mit Sicherheit, woran dieses Verhalten festzumachen ist, denn meist büxen die Tiere auch aus Aquarien aus, die beste Lebensbedingungen bieten. Vergewissern Sie sich deshalb gerade nach durchgeführtem Wasserwechsel, bei dem meist die Abdeckung entfernt werden muss, ob diese dicht schließt. Noch verbleibende Öffnungen können mit lockerer Filterwatte dicht verschlossen werden.

Mit guter Beleuchtung kann man seine Pfleglinge perfekt in Szene setzen.

Beleuchtung

Als hervorragende Beleuchtung im Garnelen- und im Krebsbecken haben sich handelsübliche Leuchtstoffröhren mit einer Farbtemperatur von 5400 Kelvin herausgestellt. Dies entspricht dem natürlichen Spektrum der Vor- und Nachmittagssonne. Bei dieser Lichtfarbe kommt es nicht so leicht zu übermäßigem Algenbefall und die Farben Ihrer Tiere kommen auf natürliche Weise heraus.

Heizung

Normalerweise wird eine Heizung in reinen Garnelen- bzw. Krebsbecken nicht benötigt. Da aber viele Wirbellosenhalter gleichzeitig tropische Fische mit im Becken halten, muss für eine adäquate Temperatur gesorgt werden. Dies erreicht man am einfachsten mittels eines handelsüblichen Regelheizers. Dieser wird mit Saugnäpfen an die Aquarienscheibe gedrückt und per Drehregler auf die gewünschte Temperatur gebracht. Um eine optimale Temperaturverteilung im Becken zu gewährleisten, sollte das Wasser immer in Bewegung sein. Im Porträtteil ist genau aufgeführt, welche Temperatur für welche Art am geeignetsten ist(ab S.22).

INFO

Subtropische und tropische Arten
Noch lange nicht alle wirbellosen Krebse und Garnelen stammen, wie vielfach angenommen wird, aus tropischen Klimazonen. Viele finden sich nur in den Subtropen und sind demnach auch an niedrige Wassertemperaturen und an ein Jahreszeitenklima angepasst. Hier können saisonal starke Wassertemperaturunterschiede auftreten. In einigen Bächen Hongkongs kann im Winter die Wassertemperatur auf 14 °C abkühlen und sich während der heißen Sommermonate auf über 24 °C erwärmen. Sie sollten gerade bei Wildfängen und bei etwaigen Zuchtversuchen daran denken, die Tiere nicht ganzjährig bei gleichen Temperaturen zu halten. Nachzuchten, die schon über viele Generationen in Aquarien gezüchtet wurden, verlieren diese perennialen Rhythmen und vermehren sich auch bei durchgehend höheren Temperaturen ohne Probleme.

Die Bepflanzung ist wichtig für das Wohlbefinden aller Aquarienbewohner (links), geeignet ist hierfür auch das Beckenmoos (oben).

INFO

Funktionen der Wasserpflanzen

- dekorativ
- Versteckmöglichkeit und Ruheplatz
- Abbau von Schadstoffen
- Produktion von Sauerstoff
- Weideplatz für Krebstiere

Neue Pflanzen

Ein heikles Thema, da auf das Konto „Neue Wasserpflanzen“ sehr häufig Todesfälle gehen. Viele Wasserpflanzen kommen heute aus asiatischen Zuchten, die oft mit billigen Tierfäkalien wie Schweinegülle und Ähnlichem gedüngt werden. Ferner werden die Pflanzen vor dem Export noch mit chemischen Mitteln behandelt, um phytosanitären Ansprüchen zu genügen. Aus diesen Gründen sollten Sie neue Wasserpflanzen mindestens einen Tag wässern und erst dann ins Becken geben. Des Weiteren ist beim auslichten von Stängelpflanzen darauf zu achten, dass dieses kurz vor dem Wasserwechsel stattfindet. Eventuelle schädliche, abgegebene Pflanzeninhaltsstoffe werden so zu einem großen Teil aus dem Wasser entfernt.

Aufgaben der Pflanzen

Für die erfolgreiche Haltung und noch mehr zur Zucht sind Wasserpflanzen im Garnelenbecken unabdingbar. Sie dienen nicht nur zur Dekoration, sondern erfüllen im „Ökosystem Aquarium“ wichtige Aufgaben. Sie bauen

Süßwassertang (oben) und Mooskugeln (unten) sind die ideale Begrünung für Garnelenbecken.

Schadstoffe ab, helfen mit ihren Wurzeln den Bodengrund zu lockern, bieten Schutz und produzieren lebenswichtigen Sauerstoff. Auf ihren Blättern bilden sich viele Mikroorganismen und sind damit eine ideale Weide für junge Garnelen.

CHECKLISTE

Pflanzen für Zwerggarnelen

- **JAVAMOOS** *(Vesicularia dubyana)* benötigt wenig Licht, ist idealer Weideplatz für den Garnelennachwuchs. Kann sehr gut auf Moorholz, Steine und den Hamburger Mattenfilter aufgebunden werden.
- **TEICHLEBERMOOS** *(Riccia fluitans)* sorgt als Schwimmpflanze für gedämpftes Licht.
- **BECKENMOOS** *(Monosolenium tenerum)* bildet geweihförmige Polster am Beckenboden und bietet ideale Versteckplätze.
- **SÜSSWASSERTANG** (botanisch noch nicht beschrieben) ist eine skurrile bodenbedeckende Neuentdeckung, mein persönlicher Favorit im Garnelenaquarium.
- **VALLISNERIE** *(Vallisneria spiralis)* lockert durch ihre Ausläufer den Bodengrund auf und entzieht ihm überschüssige Nährstoffe.
- *Marsilea hirsuta* ist eine nur wenige Zentimeter hohe Vordergrundpflanze, die einen dichten Rasen bildet.
- *Ceratophyllum demersum* freischwebende Pflanze, die keine Wurzeln bildet, aber unendlich viel Sauerstoff produziert, sie gibt algenhemmende Stoffe ins Wasser ab.
- **MOOSKUGELN** *(Cladophora aegagrophila)* – ein Muss für jedes Garnelenbecken. Hervorragender Weideplatz, da Sitz vieler Mikroorganismen. Durch das Aufschneiden einer Mooskugel kann man günstig eine kleine Bodenfläche begrünen.

Import von Krebstieren

Die überwiegende Menge der für die Aquaristik angefragten Wirbellosen wird trotz vieler Zuchtbemühungen noch immer aus Importen bedient. Dies liegt daran, dass die benötigten Mengen von den privaten wie auch den wenigen hauptberuflichen Züchtern nicht zu beschaffen sind. Außerdem benötigen viele Arten, gerade unter den Garnelen, ein marines Stadium zur Entwicklung, ein für den normalen Süßwasseraquarianer kaum zu bewältigendes Problem.

Beim „Wildfang" durchlaufen die Tiere in kurzer Zeit viele verschiedene Stationen. Die Fangzahlen hängen von den Wasserständen vor Ort ab (Regenzeit, Trockenzeit). Die in kleinen Flüssen, Seen und Teichen gefangenen Garnelen und Krebse werden zwischengehältert und von Distributoren aufgekauft, die damit ihrerseits die großen Exporteure bedienen. Zumeist werden die Tiere dann unter Fantasienamen in den Export gebracht, unselektiert versteht sich, denn welcher Exporteur kann es sich schon leisten, aus einem Bestand von 20.000 und mehr Garnelen auf Art, Unterart und Farbmorphe zu selektieren.

Von hier aus erfolgt die Abfertigung für den Transport per Frachtflugzeug. Vom dortigen Großraumflughafen zum Zielflughafen, Begutachtung durch den jeweiligen Amtstierarzt und Abholung vom Importeur. Dieser wiederum versendet oftmals so schnell als möglich an den Fachhandel. Sie können sich natürlich vorstellen, dass die ganze Prozedur nicht spurlos an den Tieren vorbeigeht, die Verlustquoten sind dementsprechend hoch. Persönlich empfehle ich, die Tiere beim Züchter zu beziehen oder, falls nicht möglich, nur Tiere zu erwerben, die schon eine Weile im Zooladen eingewöhnt wurden. Es gibt im Moment auch Bemühungen, Wirbellose in Aquakulturbetrieben zu züchten und stabile Nachzuchten in hervorragender Kondition und Qualität an den Großhandel zu liefern, unter anderem in meiner Zuchtfarm in Venezuela. Allerdings gelingt dies nur mit jenen Arten, die in adäquater Zeit gezüchtet werden können, rasch Verkaufsgröße erreichen und natürlich auch in der Färbung attraktiv für den Kunden sind. Alle anderen werden auch weiterhin durch Importe bedient werden müssen.

Achten Sie auf das Verhalten der Krebstiere – wirken sie gesund? Hier: *Atya gabonesis* **beim Nahrungsfiltrieren.**

Die wichtigsten Umschlagplätze für Garnelen sind Singapur, Hongkong (China), Indien, Taiwan und in jüngster Zeit auch Indonesien. Bei Krebsen hauptsächlich Nordamerika,

Welche Startzahl ist die beste? Achten Sie auf die Raumbedürfnisse der einzelnen Arten!

INFO

Startzahl
Häufig wird mir die Frage gestellt, wie viele Garnelen oder Krebse man eigentlich für den Start benötige. Kurz gesagt, bei Krebsen sollten Sie erst einmal mit einem Pärchen anfangen, einfach, um Erfahrung zu sammeln. Meist können Sie aufgrund der starken Territorialität sowieso nicht mehr Krebse halten. Bei den Garnelen sollten Sie zwischen 10–20 Tiere wählen, ähnlich wie bei einem Neonschwarm. Das hat den Vorteil, dass man Tiere auch in einem größeren Becken öfter zu Gesicht bekommt, außerdem ist die Chance auf die Selbsterhaltung der Population größer.

Australien und Neuguinea. Auch kommen in jüngster Zeit vermehrt Garnelen und Halbkrebse aus Südamerika, wenn auch nur sporadisch. Einige der australischen Arten werden als Speisekrebse in alle Welt versandt und manche davon landen auch im heimischen Aquarium.

Zoofachgeschäft

Da das Hobby Wirbellosenaquaristik einen recht neuen Zweig innerhalb der Aquaristik darstellt, sind Informationen, auch für Zoofachhändler, noch immer recht spärlich zu bekommen. Oftmals hat der eingelesene und gut informierte Wirbellosenneuling mehr Fachwissen zu bieten als der Händler. Da abzusehen ist, dass sich die Wirbellosen neben den Zierfischen in der Zoofachbranche etablieren werden, wird in naher Zukunft auch mehr Praxiswissen zur Verfügung stehen. Vorteil beim Kauf über den Zoohandel: Sie sehen sofort, was Sie kaufen. Leider führen kleinere und mittlere Läden meist keine große Auswahl an Krebstieren.

Internetversandhandel

Der Verkauf von Wirbellosen über das Internet hat in letzter Zeit sehr zugenommen. Durch den starken Konkurrenzdruck sind die Preise auch mittlerweile stark gefallen, so

Beim Internetkauf erhält man manchmal eine Überraschung, wie diese unbekannte indische Garnele, dazu.

dass Sie hier sehr günstig einkaufen können. Nachteil: Sie bekommen beim Kauf keine Informationen über das Aussehen, den Gesundheitszustand und ob Sie überhaupt die Art bekommen, die Sie suchen. Zwar sind auf den diversen Internetshops immer Bilder der Arten zu sehen, letztendlich bekommen aber die meisten Internetversender die Tiere vom Großhandel und müssen das verkaufen, was geliefert wurde.

Züchter

Die beste Wahl, wenn es um den Kauf der Tiere geht. Leider sind die Möglichkeiten recht eingeschränkt, denn wer hat schon den Krebs- oder Garnelenzüchter um die Ecke. Vorteil: Sie können aus einer Vielzahl von Nachzuchten Ihre Tiere heraussuchen. Außerdem bekommen Sie topaktuelle Infos aus der Wirbellosenszene und wichtige Praxistipps. Dafür sind die Tiere beim Züchter häufig nicht günstiger als im Handel.

Eingewöhnung, aber wie?

Wie schon aus der Problematik des Imports hervorging, sind Garnelen und Krebse sorgfältigst einzugewöhnen. Nach dem Kauf transportieren Sie die Tiere auf dem schnellsten Weg nach Hause. Dort angekommen, leeren Sie den gesamten Beutelinhalt vorsichtig in einen sauberen Eimer und versorgen die Tiere per Ausströmer mit Sauerstoff. Per Aquaristik-Luftschlauch (5 mm) lassen Sie über einen Zeitraum von zwei bis drei Stunden tröpfelnd Wasser aus Ihrem Aquarium in den Eimer laufen. Mittels einer Büroklammer können Sie die Tropfgeschwindigkeit ideal einstellen. Nach dieser Zeit sollte das Verhältnis von Beutelwasser zu Aquarienwasser 1 : 2 betragen, außerdem sollte die Temperatur in etwa angeglichen sein. Fangen Sie jetzt die Tiere vorsichtig mit einem Kescher heraus und setzen Sie sie damit direkt ins Aquarium.

Vor Ort beim Züchter sehen Sie, ob die Tiere gesund und agil sind, wie dieser blaue Marmorkrebs.

Dieser friedliche Elfenwels ist für ein Gesellschaftsbecken geeignet. Ein Schema zur Vergesellschaftung sehen sie unten.

Vergesellschaftung häufig gehaltener Krebse, Garnelen und Fische

	Caridina/Neocaridina	Macrobrachium(> 5 cm)	Macrobrachium (< 5 cm)	Atya/Atyopsis	**Großfische (>15 cm)**	**Kleinfische (<15 cm)**
Procambarus clarkii	mit Einschränkung	nicht vergesellschaften	nicht vergesellschaften	nicht vergesellschaften	problemlos	mit Einschränkung
Procambarus sp.	mit Einschränkung	nicht vergesellschaften	mit Einschränkung	nicht vergesellschaften	problemlos	mit Einschränkung
Procambarus alleni	nicht vergesellschaften	nicht vergesellschaften	nicht vergesellschaften	nicht vergesellschaften	problemlos	nicht vergesellschaften
Cambarellus patzcuarensis	mit Einschränkung	nicht vergesellschaften	problemlos	problemlos	problemlos	problemlos
Cambarellus shufeldtii	mit Einschränkung	nicht vergesellschaften	problemlos	problemlos	problemlos	problemlos
Cherax quadricarinatus	problemlos	problemlos	problemlos	problemlos	problemlos	problemlos
Cherax destructor	problemlos	problemlos	problemlos	problemlos	problemlos	problemlos
Cherax sp.*	problemlos	problemlos	problemlos	problemlos	problemlos	problemlos
Zwerggarnelen	problemlos	nicht vergesellschaften	problemlos	problemlos	mit Einschränkung	mit Einschränkung
Radargarnelen	problemlos	mit Einschränkung	problemlos	problemlos	problemlos	problemlos

problemlos

nicht vergesellschaften

mit Einschränkung (viele Höhlenverstecke, und Wasserpflanzen, ausreichende Fütterung)

* Neuguinea-Artenkomplex

Friedfische wie z.B. Rote Neons kann man gemeinsam mit Krebstieren pflegen.

Garnelen und Fische

Zwerggarnelen können gut in Gemeinschaft mit Friedfischen im Gesellschaftsbecken gepflegt werden. Eine Kombination mit Prachtschmerlen und größeren Zwergbuntbarschen sollte man vermeiden, da dies unwiederbringlich den Verlust der Garnelen zur Folge hätte. Andererseits berichten einige Halter von Skalaren und Diskusbuntbarschen von erfolgreicher gemeinsamer Haltung. Man sollte ein wenig Fingerspitzengefühl für seinen Besatz mitbringen, dann kann der Vergesellschaftung nichts mehr im Weg stehen.

Garnelen, Krebse und Fische

Dieses Thema spaltet wie kein anderes die Gemeinschaft der Wirbellosenliebhaber. Während einige restriktiv auf Haltung im Artbecken verweisen, halten andere bunt gemischt Garnelen, Krebse und Fische erfolgreich im Gesellschaftsbecken. Letztlich kommt es aber immer auf die Zusammenstellung der Arten an, um unliebsame Überraschungen zu vermeiden. Gerade in Gefangenschaft und unter beengten Verhältnissen können natürliche Ernährungsgewohnheiten (verträglich) stark von denen der Aquarienhaltung (plötzlich aggressiv) abweichen.

Geweihschnecken setzen einen schönen Akzent im Biotopaquarium.

- Die Wasserwerte 76
- Härtegrade 79
- Säuregrade 80
- Der Nitritpeak 81

Durch geeignete Dekoration und ähnliche Wasserwerte können Sie das Ursprungshabitat leicht nachahmen.

TIPP

Der ideale Wasserwechsel bei Krebstieren
Meine persönliche Empfehlung geht dahin, auch wenn sie vielen „alten Hasen" wohl zu weit geht, mindestens 50 % des Aquarienwassers wöchentlich zu wechseln, besser mehr! Hier werden jetzt sicher einige Aquarianer sofort den Bleistift spitzen, um die nächste Wasserrechnung durchzurechnen, aber auf lange Sicht ist der ständige Nachkauf von Zierfischen und Wirbellosen, wie die Praxis immer wieder bestätigt, wesentlich teurer. Wer erfolgreich Krebstiere halten oder sogar in die Zucht einsteigen möchte, sollte diese Empfehlung wirklich umsetzen.

Die Wasserwerte

Der Organismus unserer Garnelen und Krebse ist auf ausreichende Sauerstoffzufuhr und nährstoffarmes, chemisch sauberes Wasser eingestellt. Anders als Fische verzeihen Krebstiere unzulängliche Wasserqualitäten nicht so ohne Weiteres. Die kumulierten Giftstoffe wirken sich äußert negativ auf den Gesundheitszustand und die Fertilität der Tiere aus. Die Abwehrkräfte schwinden, sie werden anfällig für bakterielle und virale Krankheitskeime, die Wachstumsgeschwindigkeit und damit die Häutungsintervalle verlängern sich dramatisch, was letztendlich zu selteneren Gelegen führt. In der Natur sind Regenfälle und der damit verbundene Frischwasserzulauf ein Zeitgeber für den Fortpflanzungsrhythmus. Zusammen mit der verlängerten Tageslichtdauer und der damit einhergehenden Temperaturerhöhung stimulieren sie die Paarungsbereitschaft.

Häufiger Wasserwechsel fördert oft die Paarungsbereitschaft, wie bei dieser Crystal Red.

Wichtiges zum Wasserwechsel

Bevor Sie den Wasserwechsel durchführen, sorgen Sie zuerst dafür, dass alle elektrischen Geräte ausgeschaltet sind, am besten ziehen Sie den Netzstecker. Entfernen Sie einen Teil des alten Aquarienwassers mit Hilfe eines Aquarienschlauchs und ersetzen es gegen temperiertes Leitungswasser, es kann auch einige Grade kühler sein. Überprüfen Sie vor dem Einfüllen des Frischwassers dessen Temperatur mit einem Thermometer. Schon so manches Aquarium wurde aus Versehen „abgekocht". Auf einen Wasseraufbereiter können Sie in den meisten Fällen verzichten, da kaum noch Chlor im Trinkwasserbereich eingesetzt wird. Falls Sie sich nicht sicher sind, fragen Sie einfach beim örtlichen Wasserwerk an, man wird Ihnen gern Auskunft geben.

TIPP

Wasseraufbereiter

Falls Sie ständig große Mengen an Aquarienwasser zu wechseln haben und nicht auf einen Wasseraufbereiter verzichten wollen, empfiehlt sich die Anschaffung eines „Teichprodukts". Diese für große Wassermengen spezifizierten Mittel beinhalten fast identische Inhaltsstoffe, sind aber wesentlich günstiger zu bekommen. Dies gilt übrigens auch für Bakterienstarter und dergleichen. Dann erfolgen alle weiteren Pflegearbeiten wie das Reinigen der Scheiben, das Stutzen der Pflanzen und das Absaugen von überschüssigem Mulm. Den Filter sollten Sie niemals am gleichen Tag reinigen, da dann zu viele schadstoffabbauende Bakterien entfernt werden. Lassen Sie auch immer einen kleinen Rest „schmutziger" Filterwatte im Filter, dies unterstützt eine schnellere Regeneration. Besitzer eines Hamburger Mattenfilters haben es hier einfacher, durch die hohe Standzeit von bis zu einem Jahr erübrigt sich dieses Vorgehen von selbst.

INFO

Blei- und Kupferrohre
Richtig, Krebstiere reagieren äußerst empfindlich auf Schwermetalle und andere metallische Verbindungen. Die Menge der in Lösung gegangenen Verbindungen während eines Wasserwechsels ist aber so gering, das dies zu vernachlässigen ist.

Prüfen Sie regelmäßig die Wasserqualität und tauschen Sie ggf. Wasser aus.

Der digitale Leitwertmesser

Eine elegante Möglichkeit zur Überprüfung des Allgemeinzustands des Wassers lässt sich durch ein Leitwertmessgerät realisieren. Noblere Geräte messen gleich noch die Temperatur, den pH-Wert und den TDS (Total Disolved Solids, Gesamtheit der gelösten Stoffe) mit. Was versteckt sich aber hinter einem solchen Gerät und wozu brauchen wir es letztendlich?

Die handelsüblichen Handmessgeräte setzen sich aus einem meist wasserdichten Gehäuse mit Digitalanzeige zum Ablesen der Messwerte, den Schaltern und den nötigen Messelektroden zusammen. Fast alle Geräte sind zudem mit automatischer Temperaturkompensation ausgestattet, mühevolles Umrechnen in Tabellen entfällt somit. Der Leitwert, im Englischen *conductivity*, wird in µS/cm angegeben.

Achtung, der Wert sagt nichts über die Zusammensetzung der einzelnen gelösten Salze im Aquarienwasser aus, lediglich gibt er das Endresultat wieder, ist also ein Summen-Parameter. Übrigens können Meerwasseraquarianer so sehr leicht und exakt Salinität und Dichte bestimmen.

Vorteil des Leitwertmessers

Was aber haben wir als Wirbellosenhalter nun letztlich davon? Ganz einfach, jedes eingebrachte Futter, egal ob als Flockenfutter, Tabletten, Laub, absterbende Pflanzenteile, Mulm etc., mineralisiert mit der Zeit. So steigt dabei kontinuierlich der Leitwert an, also die Summe der gelösten Salze. Wir machen uns dies zunutze, indem wir nach jedem Wasserwechsel den Leitwert messen und am besten an der Aquarienseitenscheibe notieren. Nun messen wir in zwei- bis dreitägigem Abstand den Leitwert (dies dauert nur wenige Sekunden) und wenn dieser mehr als 50 % vom Durchschnittswert abweicht, sollten Sie dringend einen Teilwasserwechsel durchführen. So vermeiden Sie unnötige Wasserwechsel oder werden auf einen unplanmäßig anstehenden hingewiesen.

Die meisten Krebstiere kommen mit weichem bis mittelhartem Wasser gut zurecht, z.B. der Orangenzwergkrebs.

Salze des Süßwassers

Die hier besprochenen Krebs- und Garnelenarten leben ausnahmslos im Süßwasser. Aber auch hier finden wir im Wasser gelöste Salze, allerdings nur in geringer Konzentration, dementsprechend für unser Geschmacksorgan, die Zunge, nicht merklich.

Härtegrade

Ein wichtiger Parameter ist die sogenannte Wasserhärte. Sie wird in Grad Deutscher Härte (°dH) gemessen und gibt uns Information über den Salzgehalt. Die entscheidenden Salze sind Kalzium (Kalk), Magnesiumsalz und die sogenannten Karbonate.

Gesamthärte – Karbonathärte

Ein Wasser gilt als „weich", wenn es nur geringe Konzentrationen an Salzen aufweist, als „hart", wenn hohe Salzkonzentrationen messbar sind. Der Aquarianer unterscheidet außerdem die sogenannte Gesamthärte (GH), die stark durch die Kalzium- und Magnesiumsalze bestimmt wird. Außerdem die Karbonathärte (KH), die von den Karbonaten bestimmt wird.

Die meisten tropischen Flüsse und Bäche führen mineralienarmes und damit salzarmes Wasser. Hartes Wasser finden wir in sogenannten Kalkgebieten wie dem Malawisee, der zu den ostafrikanischen Seen gehört und dessen Bewohner ein alkalisches Milieu benötigen. Die überwiegende Mehrheit unserer Garnelenpfleglinge kommt mit weicherem Wasser besser zurecht, was auch die besseren Zuchterfolge bestätigen. Krebse

Einteilung Wasserhärte

Gesamthärte (mmol/l)	Deutsche Härtegrade °dh	Härtebereich
0–1,3	0–7	Weich
1,3–2,5	7–14	Mittel
2,5–3,8	14–21	Hart
> 3,8	> 21	Sehr hart

Krebse benötigen zum Aufbau des Panzers viele Mineralien aus dem Wasser.

dagegen benötigen eher härteres Wasser, da sie durch ihr sehr dickes und aus Mineralsalzen aufgebautes Exoskelett auf ständigen Nachschub an Salzen angewiesen sind.

Wasserenthärtung

Leider kommt in vielen Regionen Deutschlands nur ziemlich hartes Wasser aus der Leitung. Um dieses Wasser gegebenenfalls etwas weicher zu bekommen, gibt es verschiedene Möglichkeiten.

DIE UMKEHROSMOSE ist z.B.eine Methode zur Gewinnung von ionenfreiem Wasser, sie dient also zur Enthärtung des normalen ionenhaltigen Leitungswassers. Hier wird Wasser durch eine semipermeable Membran gedrückt und so von gelösten Teilchen befreit, es sammelt sich das sogenannte Permeat. Meist ist noch ein Aktivkohlefilter zugeschaltet, der Giftstoffe aus dem Wasser unschädlich macht. Wasser, das aus der Umkehrosmose gewonnen wurde, muss immer mit normalem Wasser verschnitten werden, da es keinerlei Ionen mehr enthält und den Tieren nicht die erforderlichen Mineralstoffe zur Verfügung stehen.

Säuregrade

In den meisten Fällen kommen Garnelen und Krebse mit neutralem Wasser aus. Einige jedoch benötigen entweder saures oder alkalisches Wasser, um erfolgreich Nachwuchs zu produzieren. Wasser kann entweder alkalisch (= basisch), sauer oder neutral sein. Neutrales Wasser hat immer einen pH-Wert von 7. Darunter, also bei pH 1–7, wird es als sauer bezeichnet – viele Tropenflüsse besitzen diesen pH-Wert. Über pH 7 wird das Wasser als alkalisch bezeichnet.

Senkung des Säuregrades

Der Säuregrad des Aquarienwassers lässt sich entweder mit speziellen, im Zoofachhandel erhältlichen, pH-Senkern (sogenannte Humusextrakte) erreichen oder es wird einfach über Torf gefiltert. Dies dauert allerdings seine Zeit und er muss regelmäßig ersetzt werden. Der Torf gibt für einige Wochen Huminsäuren an das Wasser ab, die es leicht ansäuern. Achten Sie darauf, ungedüngten Torf zu bekommen, ansonsten könnte es bei

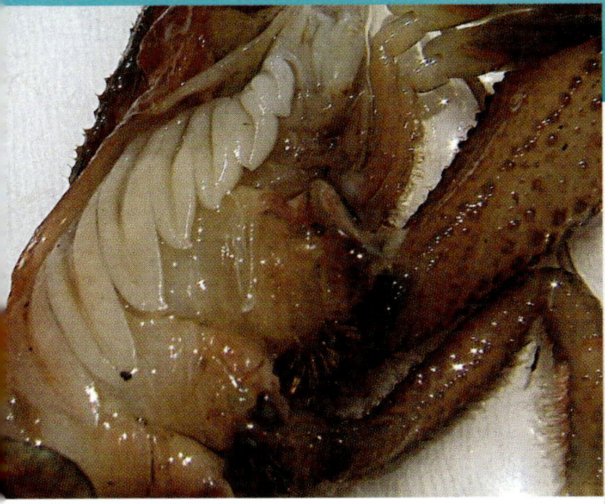

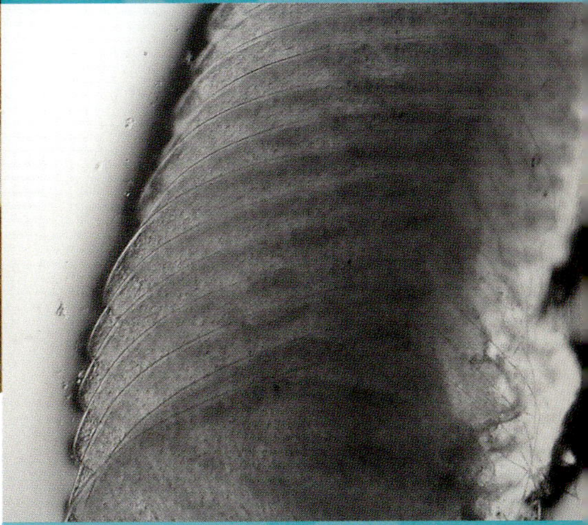

Nitrit reduziert in den Kiemen (oben) den Gasaustausch, der in den feinen Kiemenlamellen (rechts) stattfindet.

Wirbellosen zu Vergiftungserscheinungen kommen. Eine weitere Möglichkeit der Ansäuerung sind Erlenzapfen oder Seemandelbaumblätter. Diese sorgen auch gleich noch für Schleimhautschutz und Reduzierung der Bakterien.

Was ist ein Nitritpeak?

Nitrit ist das Zwischenprodukt mikrobiellen Abbaus organischer und stickstoffhaltiger Stoffe wie Futterreste und Kot. Anders als in einem eingefahrenen Becken, in dem zahlreiche Nitrobacterbakterien Nitrit in das ungiftige Nitrat umwandeln (Kasten S.57), besteht in einem frisch eingerichteten Becken die Gefahr eines zu hohen Anteils an Nitrit, da noch nicht genügend Bakterien vorhanden sind.

Genau diesen Zeitpunkt bezeichnet man als Nitritpeak, der z.B. für Fische ein gefährliches Stadium ist, da es zu Vergiftungen kommen kann: Das Nitrit dringt über die Kiemen in den Blutkreislauf ein und blockiert dort das Hämoglobin, das für den Sauerstofftransport zuständig ist – es findet kein Gasaustausch mehr statt und es kommt zum Tod durch Ersticken. Wirbellose besitzen allerdings ein völlig anderes Transportmolekül, das sogenannte Hämocyanin. Dieses Molekül weicht in einer wichtigen Eigenschaft von dem der Wirbeltiere ab und wird nicht vom Nitrit in seiner Sauerstoffbindungskraft verändert. Daher wirkt es auf Wirbellose weniger toxisch.

INFO

Hämozyanin, Motor der Wirbellosen
Hämozyanin stellt den blauen Blutfarbstoff der Krebse und Garnelen dar. Er dient unter anderem dem Sauerstofftransport: Das über die Kiemen aufgenommene Sauerstoffatom wird hier über zwei Kupferatome gespeichert. Daher hat es auch seine – im Unterschied zum Hämoglobin, das ein Eisenatom trägt – blaue Farbe. Auch die Sauerstoffbindung ist wesentlich stärker ausgeprägt, als es beim Hämoglobin der Fall ist.

- Artgerechte Ernährung 84
- Getrocknetes Laub 85
- Trockenfutter 86
- Frostfutter 86
- Kannibalismus 89

TIPP

Detritus, Motor der Wirbellosen
Nehmen Sie es in einem Garnelen- oder Krebsbecken mit der Reinlichkeit nicht zu gründlich! Mulm gehört mit zur wichtigsten Nahrungsquelle der Krebse und Garnelen, eine „Mulmecke“ gehört also unbedingt in jedes Wirbellosenbecken. Außerdem hat eine funktionierende Bodenfauna einen nicht unerheblichen Einfluss auf die Wasserqualität und damit auf die Gesundheit Ihrer Tiere.

Krebs-Pellets (oben) werden im Handel vermehrt angeboten und sind für große Krebse, hier ein Cherax holthuisii **(unten), sehr gut geeignet.**

Krebse und Garnelen haben ähnliche Ansprüche, was ihre Nahrungsgewohnheiten angeht. Meist sind die Tiere Allesfresser (omnivor), sie nehmen jegliche Art organischer Nahrung zu sich: Mikroorganismen wie Pilze, Bakterien und Einzeller, aber auch Algen, absterbende Pflanzenteile, zerfallendes Holz und Laub werden aufgenommen. Manchmal gibt es Nahrungsspezialisten unter den Garnelen, wie z.B. die Radargarnelen, die sich im Lauf der Evolution gewisse „Nischennahrung“ (frei schwebendes Zoo- und Phytoplankton) erschlossen haben. Detritus (sich zersetzendes organisches Material) steht in der Gunst der Garnelen und Krebse ganz oben auf dem Speiseplan. Studien haben gezeigt, dass er bei manchen Großarmgarnelen bis zu 50 % der aufgenommenen Nahrung ausmacht. Halten Sie also Ihr Aquarium nicht zu sauber! Oft gehören auch von Bäumen fallende Blätter und reife Früchte genauso zum Speiseplan wie Insektenlarven, Schnecken, Muscheln, Würmer etc. Viele Krebse und Großarmgarnelen nehmen auch sehr gern grüne Wasserpflanzen, dies sollte man bei der Einrichtung des Aquariums berücksichtigen (Näheres siehe Artenteil ab S. 22). Außerdem sollte erwähnt werden, das Krebse und Garnelen stark zu Kannibalismus neigen. Dies liegt daran, dass sich durch diese Art der Nahrung viele für den Krebsmetabolismus essenziellen Komponenten komprimiert und in kürzester Zeit zu sich nehmen lassen.

Laub ist für die Rote Bienengarnele unbedingt notwendig.

INFO

Laub im Aquarium
Vor Gebrauch trocknen Sie das Laub mindestens eine Woche, erst danach überführen Sie es ins Becken. Auf keinen Fall sollten Sie vermoderndes Laub aus Flüssen oder Seen nehmen. Die Gefahr einer Ansteckung ist enorm groß, da viele Gewässer von einheimischen Krebstieren bewohnt werden.

Ein Muss: Getrocknetes Laub

Wie schon erwähnt ernähren sich Garnelen und Krebse in ihren heimatlichen Biotopen hauptsächlich von zersetzendem Laub, das nach kurzer Zeit häufig von Pilzen, Bakterien und anderen Mikroorganismen besiedelt wird. Fakt ist, dass in Freilandzuchten (mit natürlichem Bodengrund) stets höhere Tierzahlen und schnellere Wachstumsgeschwindigkeiten erzielt werden als in relativ sterilen „Indoorzuchten". Inwieweit hier ein Zusammenhang bei der Besiedlung mit Mikroorganismen und deren Aufnahme bei der Nahrungssuche besteht, kann bisher noch nicht wissenschaftlich erklärt werden. Laub sollte deshalb unter keinen Umständen fehlen. Folgende Laubblattarten haben sich bewährt: Buche, Ahorn, Erle, Eiche, Weide, Haselnuss, Platane und natürlich die Blätter des Seemandelbaums.

Mit der richtigen Ernährung sind Garnelen agil und schwimmfreudig. Das Rezept für Futterplatten (oben) finden Sie auf Seite 88.

TIPP

Kleine Portionen füttern
Da Wirbellose einen sehr schnellen Metabolismus aufweisen (Aufnahme, Transport und chemische Umwandlung von Stoffen im Organismus sowie Abgabe von Stoffwechselendprodukten), sollten Sie, soweit Ihnen dies möglich ist, lieber öfter am Tag kleinere Portionen verfüttern. Bei genügender Gabe von getrocknetem Laub steht darüber hinaus immer ein „Nahrungsdepot" zur Verfügung.

Trockenfutter

Futterflocken und Futtertabletten werden aufgrund ihres hohen Energiegehalts sehr gern gefressen. Konzipiert sind sie aber für Fische, die in der Regel einen wesentlich höheren Proteinbedarf zu decken haben. Bei Wirbellosen kann eine überwiegende Verfütterung mit Trockenfutter zu Häutungsproblemen führen.

Tierisches Frostfutter

Frostfutter ist eine ideale Proteinquelle für Wirbellose. Es ist jederzeit und überall leicht erhältlich und hat eine hohe Haltbarkeit. Sehr gern werden rote, schwarze und weiße Mückenlarven aufgenommen. Auch gefrore-

Getrocknete Brennnesseln sind ein gutes Grünfutter. Sammeln Sie aber nur auf unbelasteten Wiesen!

ne *Cyclops*, *Artemia*, Muscheln, *Moina*, *Bosmiden* und Enchyräen sind stets ein Leckerbissen. Auf *Tubifex* (Bachröhrenwürmer) sollte man verzichten, da sie oftmals Krankheitserreger tragen. Auf die Verfütterung von frischtoten oder gefrorenen Krebstierbestandteilen (*Mysis* etc.) sollte generell verzichtet werden, denn diese beinhalten ein nicht kalkulierbares Infektionsrisiko!

Pflanzliches Frostfutter

Leider gibt es für Wirbellosenfreunde noch kein überzeugendes, überwiegend pflanzliches Frostfutter im Handel, so muss man selbst in der Küche ein passendes Menü zaubern. Folgende Zutaten können bedenkenlos eingesetzt werden: Spinat, Brennnessel, Wegerich, Aubergine, Beinwell, Erbse, Chicoree, Chinakohl, Gurke, Mangold, Kürbis, Pastinak, Rote Beete, Paprika, Petersilie, Pimpinelle, Knoblauchrauke, Bachminze, Chlorella, Spirulina, Fadenalgen. Allerdings sollte das Gemüse aus unbelastetem Anbau stammen, da alle Wirbellosen extrem empfindlich auf Herbizide und Fungizide jeglicher Art reagieren.

TIPP

Futterrezept 1
Für den Rezeptvorschlag benötigen wir folgende Zutaten: gefrorener Spinat, Erbsen, Mangold, Möhren, trockene Brennnessel-, Buchen- und Seemandelbaumblätter, Sojamehl aus dem Naturkostladen, Forellenfutter (oder Fischpellets), Chlorellapulver, Spirulinapulver.
Die Zutaten im Mixer so lange zerkleinern, bis ein feiner Brei entsteht. Diesen dann in einen haushaltsüblichen Folienbeutel füllen, flach auswalken und in die Gefriertruhe legen. Zum Füttern in Stücke brechen, die verfütterten Mengen sind natürlich abhängig vom Garnelen- bzw. Krebsbestand.
Vom Trocknen der Masse rate ich dringend ab, da das Futter an der Luft schnell an wertvollen Inhaltstoffen verliert.
Futterrezept 2
Spinatblätter, Gurken- und Möhrenscheiben kurz in der Mikrowelle gar gekocht, sind ein wahrer Leckerbissen für alle Garnelen und Krebse. Selbst scheue Höhlenbewohner kann man damit bei Tageslicht aus ihren Verstecken locken.

Marmorkrebse neigen zu Kannibalismus, wenn zu viele Tiere im Becken gehalten werden.

Nagerpellets

Das mit Abstand beliebteste Futtermittel bei Wirbellosen, auch Heustäbchen oder Kaninchenpellets genannt. Die Pellets bestehen meist aus gepresstem Luzernemehl, dem verschiedene Mineralien, Aminosäuren und Vitamine beigemischt werden. Man findet im Handel auch Pellets, denen Kräuter beigegeben sind. Rund um das aufgelöste Heustäb-

Wenn Sie viele Garnelen gemeinsam halten, füttern Sie am besten mehrmals am Tag kleine Portionen.

chen entwickelt sich eine Ansammlung von Einzellern und Bakterien, die selbstverständlich von den Krebsen und Garnelen mit aufgenommen werden, es hat also eine ähnlich positive Wirkung wie der Mulm. Wann immer es geht, achten Sie auf den Einkauf von Biopellets, denn nur diese sind weitestgehend frei von Pflanzenschutzmitteln und Dünger.

Kannibalismus

Der Verzehr von Artgenossen ist unter Krebstieren ein allgegenwärtiges Verhalten. Dabei unterscheiden wir zwei Typen: Den aktiven Kannibalismus, bei dem Artgenossen, bevor sie aufgefressen werden, zuvor bejagt und getötet wurden, so ist es z.B. bei einigen Großarmgarnelen der Fall. Dann gibt es noch den passiven Kannibalismus, bei dem lediglich die toten Teile eines Artgenossen verzehrt werden. Bei Krebsen und Garnelen gibt es beide Varianten.

Kannibalismus tritt unter natürlichen Bedingungen auch bei geringer Populationsdichte auf, in Gefangenschaft vor allem bei einer Haltung mit extrem hoher Individuendichte. Hier allerdings besonders häufig, da der mit einer Übervölkerung verbundene Stress die Aggressivität erhöht.

Im Freiland herrscht naturgemäß oft ein Mangel an einfach verfügbarer, hochenergetischer Nahrung, also tierischen Proteinen. Meist ist im Überfluss energiearme und schwer verdaubare Nahrung anzutreffen. Im Falle der Krebs- und Garnelenhabitate sind dies Laubansammlungen, abgesunkenes Totholz und zerfallende Pflanzenteile aus überhängender Ufervegetation. Bei der Haltung sollten wir dies stets berücksichtigen. Hohe Bestandsdichte lädt förmlich zum Kannibalismus ein. Jungtiere von Krebsen sollten Sie, soweit möglich, in ein separates Becken setzen, natürlich können auch die adulten Tiere entfernt werden. Versteckmöglichkeiten in Form von Höhlen, Pflanzendickicht etc. sollten in ausreichender Anzahl vorhanden sein. Füttern Sie lieber mehrere Male täglich in kleinen Portionen über das gesamte Aquarium verteilt, anstatt einmal am Tag riesige Futterbrocken an wenigen Plätzen zu deponieren.

- Gesunde Krebse 92
- Natürliche Heilmittel & Co. 93
- Planarien 94
- Die Häutung 96

Pathogene bei Krebstieren

Garnelen und Krebse hält man am besten durch optimale Haltung gesund.

Mit Krankheiten muss sich früher oder später jeder Krebstierfreund auseinandersetzen. Leider muss er dabei auf eine Vielzahl der aus der Zierfischaquaristik bekannten Heilmittel verzichten, da der Einsatz für die meisten Wirbellosen schädliche oder sogar tödliche Folgen hätte. Selbst professionellen Aquakulturbetrieben (Shrimps- und Krebsfarmen) stehen kaum oder gar keine Medikamente zur Verfügung, was häufig zu Totalverlusten oder erheblichen Ausfällen führt, daher wird sehr penibel auf beste Haltungsbedingungen, Quarantäne, Sauberkeit und gute Ernährung geachtet. Allerdings kann der Krebs- und Garnelenliebhaber mit natürlichen Heilmitteln und Futteradditiven Prävention betreiben! Da die Identifizierung von Endo- und Ektoparasiten, Viren, Bakterien und sonstigen Krankheitserregern vom Laien nicht oder nur sehr schwer durchzuführen ist und selbst der Fachmann nur mit erheblichem technischen Aufwand zu Resultaten kommt, wird an dieser Stelle auf eine Aufzählung der mittlerweile in die Hunderte gehenden Krankheitserreger verzichtet und verstärkt auf Mittel und Wege der Prävention verwiesen. Im Anhang dieses Buches finden Sie eine Reihe informativer Internetseiten zu diesem Thema (S. 119).

Oft entpuppt sich eine vermeintlich tote Garnele nur als leerer Panzer.

INFO

Hilfe, eine tote Garnele/Krebs im Becken
Die meisten Wirbellosenneulinge sind erschrocken, wenn sie zum ersten Mal einen weißlichen, leicht durchsichtigen Wirbellosenkörper bewegungslos am Beckenboden oder im Pflanzengewirr finden. Es handelt sich in der Mehrheit der Fälle schlicht und einfach um die abgestreifte Exuvie der Tiere (auch S. 96).

Natürliche Heilmittel: Seemandelbaumblätter & Co.

Im asiatischen Raum ist der positive Effekt von Seemandelbaumblättern (*Terminalia catappa*) bei der Zucht verschiedenster Zierfische schon seit langer Zeit bekannt. Zierfischzüchter setzen die sorgfältig getrockneten Blätter zur Behandlung verschiedenster Krankheiten ein. Die Blätter geben schleimhautschützende Stoffe ab und wirken mild desinfizierend, bakterizid (keimtötend) sowie fungizid (pilztötend). Je nach Menge der eingesetzten Blätter verfärbt sich das Aquarienwasser durch die Huminstoffe gelblich. Der pH-Wert wird bei entsprechend niedriger Karbonathärte geringfügig gesenkt, der Leitwert (Gesamtsalzgehalt) leicht erhöht. Man sollte darauf achten, dass die Blätter eine bräunlich-rötliche Färbung aufweisen. Auf keinen Fall sollten gräuliche Blätter eingesetzt werden, da diese grün, d.h. voll im Saft stehend, gesammelt wurden und hohe Konzentrationen schädlicher Pflanzensäfte enthalten können. Die Anwendung ist einfach: Ein bis drei Blätter von mittlerer Größe auf 100 Liter Wasservolumen ins Aquarium geben. Nach wenigen Tagen saugen sich die Blätter mit Wasser voll und sinken zu Boden. Die Blätter erfüllen

aber noch einen zweiten, nicht weniger wichtigen Zweck. Sie dienen der artgerechten Ernährung der Wirbellosen, indem sich darauf Einzeller bilden, die zur Hauptnahrung der Junggarnelen gehören.
In jüngster Zeit werden auch Medikamente auf der Basis des Teebaumes *(Melaleuca alternifolia)* eingesetzt, die antiseptische Wirkungen aufweisen. In meinem venezolanischen Zuchtbetrieb setze ich zur Vorbeugung Seemandelbaumblätter in Kombination mit Heilmitteln auf Teebaumbasis mit sehr gutem Erfolg ein. Die Keimzahl des Wassers sinkt damit beträchtlich, was letztendlich für die Tiere weniger Stress und geringere Anfälligkeit für Krankheitserreger aller Art bedeutet.

Blatt des Seemandelbaumes

Planarien

Oft kann man einige Zeit nach dem Kauf von Wasserpflanzen, Schnecken oder der Verfütterung von Gefrierfutter das Auftauchen von länglichen, rosafarbenen und nach vorn dreieckig zulaufenden Scheibenwürmern feststellen. Diese gehören meist der Gattung Dugesia an, häufig ist es *Dugesia gonocephala*, ein Strudelwurm aus der Familie der Turbellariidae. Diese kommen, mit ca. 15.000 Arten weltweit, sowohl im Salz- als auch im Süßwasser vor. Die Tiere kriechen über oder im Bodengrund, manchmal kann man sie sogar gleitend durch das Aquarium schwimmen sehen. Sie sind zwittrig und legen Eier, aus denen fertig entwickelte Mini-Planarien schlüpfen. Die Eier sind übrigens kälte-, wärme- und trockenheitsresistent. Planarien haben kein Atmungsorgan, die Respiration erfolgt über die gesamte Hautoberfläche. Um sich vor Fressfeinden zu schützen, sondern die Strudelwürmer einen bitter schmeckenden Hautschleim ab, der einen hervorragenden Schutzmechanismus darstellt: Fische

Haben Sie ständig trächtige Tiere aber keinen Nachwuchs, kontrollieren Sie auf Planarienbefall!

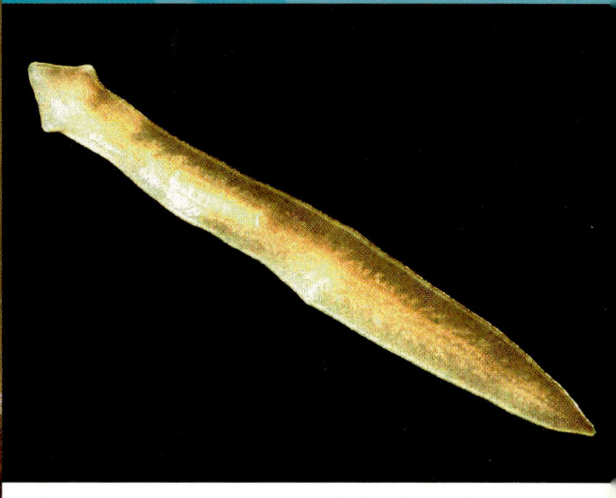

Ein geeignetes Mittel gegen Planarienbefall erhalten Sie beim Tierarzt.

spucken die Würmer sofort wieder aus. Planarien sind außerordentlich widerstandsfähig, in bis zu 270 Stücke geteilt, regeneriert sich jedes einzelne Stück wieder zu einer voll funktionsfähigen Planarie!

Planarien können schaden

Planarienbefall gehört zu einem der unangenehmsten Kapitel innerhalb der Aquaristik. Nicht nur, dass sie äußerst störend auf das Gesamtbild der Aquariums wirken, sie sind, und das ist das Wesentliche, starke Räuber. Die Tiere fressen alles, was ihr kleiner Körper überwältigen kann. Weder Junggarnelen noch adulte Tiere, besonders nach der Häutung, sind vor ihnen sicher. Bei Massenbefall kann es vorkommen, dass eine Garnelenpopulation in kürzester Zeit eliminiert wird. Die Würmer kriechen auch weiblichen Garnelen unter den Carapax, um an die sehr proteinreichen Eier zu kommen. Wenn sich einfach kein Nachwuchs einstellen will und das trotz ständig trächtiger Tiere, sollten Sie diese Problematik unter die Lupe nehmen!

Behandlung

Es kursieren im Netz viele alternative Behandlungsmöglichkeiten, angefangen mit Knoblauch und Absammeln mit speziellen Fallen. Leider ist allen aber eines gemeinsam: Sie sind nicht effektiv! Verbleibende Tiere oder Eier regenerieren sich in kürzester Zeit wieder zu einer starken Population. Hier hilft nur noch die chemische Keule: Flubenol, das für Garnelen aber unschädlich ist.
Flubenol ist nur über den Tierarzt erhältlich, beschreiben Sie ihm die Problematik, er wird Ihnen weiterhelfen. Flubenolpulver ist wirkungsvoller als Flubenol-Gel, das Pulver sollte 5 % Wirkstoff aufweisen. Sie mischen für Ihr Aquarienvolumen in folgendem Verhältnis: 0,2–0,3 g pro 100 Liter Beckeninhalt, bei weicherem Wasser dosieren Sie bitte etwas geringer. Die gesamte Anwendungsdauer beträgt ca. ein bis drei Tage. Hierauf muss unbedingt ein 50 %iger Wasserwechsel erfolgen, um die durch die verendeten Planarien abgegebenen Giftstoffe zu entfernen. Nach einer Woche wiederholen Sie die Prozedur, danach sollte Ihr Becken planarienfrei sein.

Alle Krebstiere müssen sich häuten, um wachsen zu können.

Aufgaben der Häutung

Um an Größe zunehmen zu können, müssen sich Krebstiere in periodischen Abständen ihres starren Exoskeletts (Außenskelett) entledigen. Man nennt dies Häutung (Ecdysis), ein äußerst komplizierter physiologischer Vorgang. Dazu muss sich die intrazelluläre Epidermis vom extrazellulären Kalkskelett lösen. Dieser Prozess wird hormonell durch das Hormon Ecdyson gesteuert. Um eine reibungslose Häutung zu gewährleisten, müssen Krebstiere sehr abwechslungsreich ernährt werden, damit dieses Hormon dem Körper in ausreichender Menge und Qualität zur Verfügung steht. Zwischen Carapax und Abdomen platzt die sogenannte Häutungsnaht auf, aus der der sehr weiche Krebskörper durch aktives Strecken und Dehnen herausschlüpft. In diesem Stadium sind Crustaceen sehr anfällig für Fressfeinde und ziehen sich meist in Höhlen oder pflanzenreiche Verstecke zurück.

Durch „Aufpumpen“ mit Wasser wird im frisch gehäuteten Krebskörper Druck erzeugt, der eine Dehnung des Körpers und damit ein Längenwachstum hervorruft. Die Aushärtung des neuen Panzers kann einige Tage in Anspruch nehmen. Crustaceen nehmen vor und während der Häutung übrigens keinerlei Nahrung mehr auf! Die abgestreifte Außenhaut, auch Exuvie genannt, wird meist aufgefressen, da sie wichtige Mineralien für die Bildung des neuen Panzers enthält.

Verletzte Gliedmaßen werden bei der Häutung regeneriert.

Häutungsschwierigkeiten

Sollten ungeachtet bester Bedingungen dennoch einmal Häutungsschwierigkeiten auftreten, so endet dies in den meisten Fällen nicht tödlich. Krebstiere können abgerissene Glieder bei der nächsten Häutung wieder regenerieren. Spätestens nach zwei Häutungen ist die alte Größe des ursprünglichen Körpergliedes wiederhergestellt. Decapoden besitzen zudem noch eine sehr interessante Eigenschaft, die ihnen bei der Flucht vor Fressfeinden die Rettung ermöglicht. Wird ein Krebs von einem Räuber überrascht und z.B. an den Scheren gepackt, so kann er aktiv dieses Körperglied abwerfen – man nennt dies Autotomie. Sehr empfänglich für dieses Verhalten sind Langarmgarnelen, diese können schon bei geringer Stresseinwirkung Scheren einbüßen.

TIPP

Vermeidung von Häutungsdefekten
Durch zusätzliche starke Anreicherung von Sauerstoff im Aquarium (z.B. durch das Anbringen eines Ausströmsteins) kann sehr wirkungsvoll die Häufigkeit von Häutungsschwierigkeiten vermindert werden. In diesem Zusammenhang ist es wichtig zu erwähnen, dass in der Natur ein hoher Prozentsatz von Jungtieren an Häutungsdefekten zugrunde geht. Sie müssen also gerade bei der Flusskrebshaltung immer mit Verlusten rechnen. Ein weiterer wichtiger Faktor ist die häufig bei Flusskrebsen zu beobachtende innerartliche Konkurrenz und damit einhergehende starke Aggression, die häufig im Kannibalismus gipfelt. Gerade während der Häutung muss stets auf genügend Versteckmöglichkeiten geachtet werden.

- Paarung und Eiablage 100
- Entwicklungsstadien marin entwickelter Garnelen 105
- Erfolgreiche Garnelenzucht 108
- Erfolgreich Krebse züchten 113
- Versand von Krebsen & Co. 117

THEMA

FORTPFLANZUNG UND ZUCHT

Ein Pärchen Orangenzwergkrebse in der arttypischen Paarungsstellung.

Paarung und Eiablage

Aufgrund der Komplexität jeder einzelnen Gattung, sowohl bei Krebsen wie auch bei Garnelen, kann hier nur ein grober Überblick über das Reproduktionsgeschehen gegeben werden.

Die Weibchen vieler Garnelen- und Krebsarten sind nur kurz nach der Häutung zur Paarung und Eiablage bereit, allerdings gibt es hier auch Ausnahmen. Sie geben dann spezifische Sexualduftstoffe an ihre Umgebung ab. Diese sind meist nur für männliche unmittelbare Artgenossen bestimmt, werden jedoch bei Arten, die nah verwandt sind, durchaus auch interessant.

Immer wieder kommt es beim Wirbellosenneuling zu Aufregung, wenn plötzlich im Aquarium für einige Stunden ein hektisches Durcheinander von Garnelenleibern registriert wird, dies tritt übrigens nicht bei Krebsen auf. Das Verhalten zeigen nur männliche Tiere, die getrieben von den von Weibchen abgegebenen Sexualduftstoffen (Pheromone) zwanghaft einen Paarungspartner suchen. Wenn sich zwei Tiere finden und das Weibchen nicht schon von einem anderen Männchen mit einem Spermapaket „versorgt" wurde, kommt es zur Paarung. Die Tiere schwimmen bäuchlings, mit den Pleopoden verhakt, ein kleines Stück.

In diesem Moment kommt es zur Übergabe des Samenpakets, das direkt an die Geschlechtsöffnung des Weibchens geklebt wird. Bei Krebsen und Langarmgarnelen halten sich die Partner mit den Scheren fest und

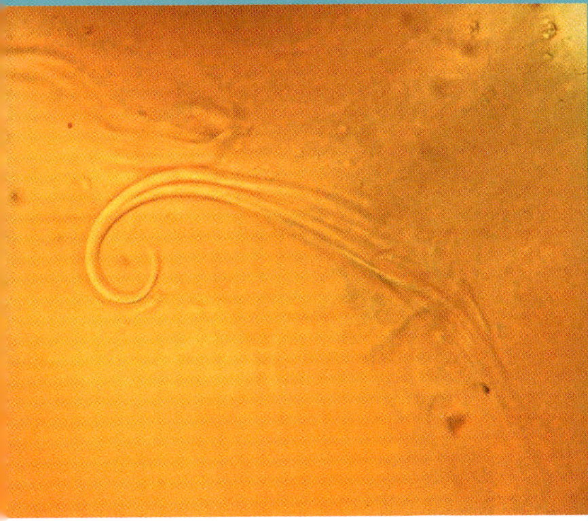

Mit den Funiculus-Fäden werden die Eier an den Schwimmbeinen befestigt.

TIPP

Kreuzungen
Sie sollten sich davor hüten, es sei denn, Sie betreiben eine gewissenhafte Kreuzungszucht zur Farbverbesserung, wie bei japanischen Bee Shrimps geschehen. Zu nah verwandte Arten gemeinsam in einem Becken zu halten ist nachteilig, denn viele kreuzen sich und bringen fertilen Nachwuchs zur Welt.

das Männchen „wirft" das Weibchen rücklings auf den Boden, danach kommt es zur Begattung. Selbst stundenlange Balzrituale, bei denen sich die Partner rhythmisch mit ihren Antennen berühren, um sich in Paarungsstimmung zu bringen, sind bei Krebsen oft zu beobachten.
Es sind Arten bekannt, bei denen die Männchen noch einige Zeit die Weibchen begleiten, um das weitere Verpaaren mit anderen Artgenossen zu verhindern. Nach der Begattung kommt es dann zur Befruchtung der ausgestoßenen Eier.
Diese werden an die Pleopoden der Weibchen geklebt. Dabei halten sogenannte Funiculus-Fäden jedes einzelne Ei mit den anderen Eiern und den Schwimmfüßen der Weibchen zusammen.

Kreuzungsschema

problemlos
nicht kreuzen

	Bienengarnele	Crystal Red Bienengarnele	Grüne Zwerggarnele	Red Cherry Zwerggarnele	Amanogarnele	White Pearl Zwerggarnele	Tigergarnele	Sri Lanka Zwerggarnele	Hummelgarnele	Tüpfelgarnele.
Bienengarnele										
Crystal Red Bienengarnele										
Grüne Zwerggarnele										
Red Cherry Zwerggarnele			nicht kreuzen							
Amanogarnele										
White Pearl Zwerggarnele				nicht kreuzen						
Tigergarnele	nicht kreuzen	nicht kreuzen				nicht kreuzen				
Sri Lanka Zwerggarnele										
Hummelgarnele	nicht kreuzen	nicht kreuzen					nicht kreuzen			
Tüpfelgarnele									nicht kreuzen	

Bitte beachten Sie, dass die Tabelle nach meinen persönlichen Erfahrungen mit Kreuzungen zwischen den vorgestellten Garnelenarten erstellt wurde.

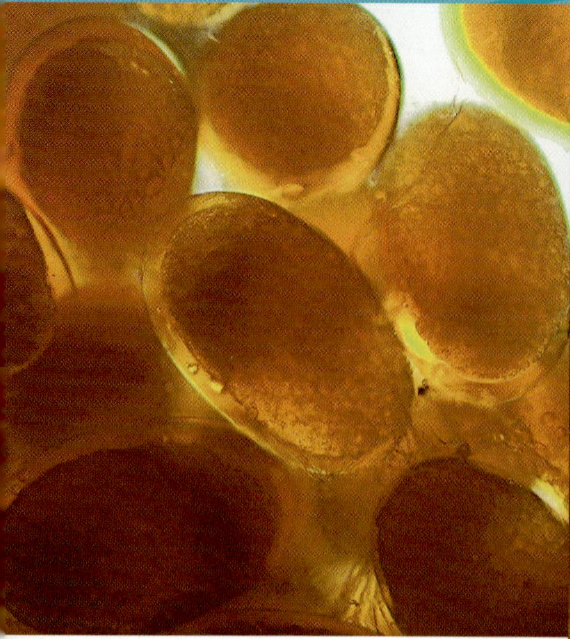

Das Weibchen versorgt die Eier durch ständiges Rudern ihrer Schwimmbeine mit Sauerstoff.

Eientwicklung und Brutpflege

Nach erfolgreicher Befruchtung erfolgt die Eientwicklung. Das Weibchen ist jetzt häufig dabei zu beobachten, wie es mit den Pleopoden (Bauchbeinen) fächelt, dieses Verhalten dient der Versorgung des Geleges mit Sauerstoff. Auch reinigt das Weibchen mehrmals täglich das Gelege von Schmutzteilchen, unbefruchteten oder verpilzten Eiern. Das Gelege macht viele verschiedene Entwicklungsstadien durch. Anfangs einfarbige Eier werden zunehmend kontrastreicher und verändern fast täglich ihre Farbzusammenstellung, bis auf einmal zwei Punkte zu sehen sind, die Augenpunkte.
Das Gelege ist also erfolgreich befruchtet. Nach einiger Zeit sind winzige Extremitäten zu sehen, bis ein schon fast fertiger Jungkrebs bzw. eine Junggarnele schlüpft.

Nach kurzer Zeit sind schon die Augen zu entdecken.

Endlich, der Nachwuchs

Da die Jungtiere sich in den ersten Wochen sehr häufig häuten, muss stets für genügend Nahrung und Versteckmöglichkeiten gesorgt werden, ansonsten kommt es zu sehr starken Ausfällen durch Kannibalismus. Bei Krebsen haben sich Hohlziegelsteine (möglichst viele Löcher) sehr bewährt. Diese sind nicht nur äußerst günstig zu beschaffen, sondern sorgen auch für genügend Versteckmöglichkeit. Dem Garnelennachwuchs sollte ein stark

Nach vielen Häutungen (◎ Seite 105) sehen die Junggarnelen fast aus wie die Adulten.

bepflanztes Becken zur Verfügung stehen. Javamoos, Teichlebermoos, Süßwassertang und Algenbälle (Moosbälle) sind hier an erster Stelle zu erwähnen, da diese für eine reiche Strukturierung und eine rege Mikrofaunenentwicklung sorgen.

Ein gutes Versteck für Junggarnelen: Hohlziegelsteine

TIPP

Überbesatz behindert Fortpflanzung
Die Reproduktionsrate von Crustaceen hängt sehr stark von der Größe der weiblichen Tiere ab. Je größer und damit älter das Tier, desto höher die Eizahl. Weitere wichtige Umstände sind die dichteabhängigen Faktoren: Stress, auch Gedrängefaktor genannt, durch ständige Begegnung und Aggression, der häufig zur Einstellung der Vermehrung führt. Wer also einige hundert Garnelen und mehr in einem kleineren Becken hält, sollte sich nicht wundern, wenn es plötzlich zum Vermehrungsstop oder gar zu Todesfällen kommt. Außerdem kann es aufgrund des Dichtefaktors zum Ausbruch und zur schnellen Ausbreitung von Krankheiten kommen. Flusskrebse sollten bis auf wenige Ausnahmen (z.B. Zwergkrebse der Gattung *Cambarellus*) nur in kleinen Gruppen mit einem Männchen und wenigen Weibchen gehalten werden.

Große Krebse, wie *Cherax holthuisi*, können bis zu zehn Jahre alt werden.

INFO

Je größer, desto älter?
Tatsächlich leben große Krebsarten länger als kleinbleibende Garnelen. Doch gute Haltungsbedingungen sind auch hier die Voraussetzung für die „Senioren".

Lebenserwartung

Allgemein gilt die Regel, dass größer werdende Organismen meist eine deutlich längere Lebenszeitspanne aufweisen als kleinere. Gleiches gilt auch für Wirbellose, egal ob Garnelen oder Krebse. Unsere heimischen Flusskrebse können sogar ein Jahrzehnt leben, während kleinere tropische und subtropische Arten lediglich ein bis zwei Jahre leben. Gleiches findet man auch bei Garnelen. Langarmgarnelen der Gattung *Macrobrachium* können durchaus über zehn Jahre erreichen, während die in unseren Aquarien häufig gehaltenen Zwerggarnelen bis auf wenige Ausnahmen nur ein bis zwei Jahre erreichen dürften. Ja es gibt sogar Saisongarnelen, diese Tiere vermehren sichoft nur eine Saison lang, danach sterben die meisten. Eine generelle Aussage lässt sich aber auch hier nicht machen, da die Lebenserwartung stark von äußeren Einflüssen wie Temperatur, Wasserchemismus, Ernährung und in Gefangenschaft letztlich auch von unserer Pflege abhängt.

ENTWICKLUNGSSTADIUM	KENNZEICHEN	NAHRUNG UND PARTIKELGRÖSSE
Eistadium		
Nauplienstadium (NI, NII, NIII, NIV, NV)	Freischwimmend Eidotterstadium Positive Fototaxis	Dottersackstadium
Protozoe I (PI)	Freischwimmend Unsegmentiert Erste Futteraufnahme	Chaetoceros Tetraselmis < 50 µm
Protozoe II (PII)	Segmentierung in 6 Segmente Augenstielstadium	Tetraselmis Angereicherte Rotiferen 50–100 µm
Protozoe III (PIII)	Telson entwickelt	Tetraselmis Angereicherte Rotiferen 200 µm
Mysis-Stadium I (MI)	Entwicklung funktioneller Pereopoden Lokomotion nach hinten	Angereicherte Rotiferen 450 µm
Mysis-Stadium II (MII)	Alle Maxillipenden funktional	Instar I Artemia 450–800 µm
Mysis-Stadium III (MIII)	Alle Maxillipenden funktional	Instar I Artemia 800 µm
Postlarvalstadium I (PI)	Pleopoden verlängert Schreitbeine funktional Lokomotion nach vorn	Angereicherte Artemia > 800 µm

Für die Junggarnelen sind Verstecke in Form feinverzweigter Pflanzen wichtig.

Entwicklungsstadien marin entwickelnder Garnelen

Um einen Überblick über die verschiedenen Entwicklungsstadien bei Garnelen mit ursprünglichem Vermehrungs-Typus (marines Larvenstadium) zu geben, beschreibe ich auf Seite 105 anhand der in der Aquakultur häufig gezüchteten und für Speisezwecke dienenden Gattung *Penaeus* (Familie Penaeidae) die Entwicklungsfolge.
Ganz ähnlich läuft auch die Entwicklung der zur Familie Atyidae gehörenden Garnelen (z.B. Amanogarnele) und der zur Familie der Palaemonidae gehörenden Langarmgarnelen der Gattung *Macrobrachium* ab.

Die Larven passieren drei verschiedene Entwicklungsstadien, bevor sie sich zur Postlarve umwandeln. Ihre Nahrung reicht von Eidotter während des Nauplienstadiums, über Phytoplankton während der ersten Protozoenstadien bis zum Zooplankton während des späten Protozoen-, Mysis- und Postlarvalstadiums. Untersuchungen haben gezeigt, dass die Überlebensrate vom Ei bis zur geschlechtsreifen Garnele in der Natur weniger als 1 % beträgt.

Futter für die Aufzucht mariner Larvenstadien

Ein generelles Problem, das bei der Aufzucht mariner Larvenstadien auftritt, besteht darin, ständig geeignete Futtergrößen in Quantität und Qualität anbieten zu können. Idealerweise ernährt man Garnelenlarven mit ihrer im

Auch kleine Schnecken dienen als Nahrung.

heimatlichen Gewässer in großer Variabilität vorkommenden Nahrung (Phyto- und Zooplankton). Diese variiert in Größe, Zusammensetzung der Arten und Nährwert stark, so dass eine sehr große Wahrscheinlichkeit für eine erfolgreiche Zucht besteht. Nur, wer kann diese optimalen Bedingungen schon anbieten und dieses Futter beschaffen? Garnelenlarven aller Typen werden in Aquakulturbetrieben schon seit den 1970er Jahren erfolgreich und in großen Mengen bis zur „Futtergröße" aufgezogen. Während der zahlreichen Nauplienstadien wird häufig auf Phytoplankton zurückgegriffen. Jedoch zeigt sich während des Mysis-Stadiums eine deutliche Verschiebung vom pflanzenfressenden zum fleischfressenden Stadium hin. Es sollte aber auf keinen Fall der Fehler begangen werden, während späterer Stadien keine Futteralgen mehr zu verfüttern, denn diese sorgen durch ihre Filtriereigenschaft für merklich bessere Wasserqualität.

Zooplankton

Das Zooplankton *Brachionus plicatilis* ist sehr gut geeignet und wird ca. 100–400 µm groß (SS-Typ: 100–160 µm; S-Typ: 140–220 µm; L-Typ: 190–320 µm). Die optimale Zuchttemperatur liegt bei 22 bis 30 °C, die Salinität der Zuchtkultur sollte im Bereich 10 bis 35 ppt liegen. Zuchtkulturfutter: *Chlorella, Nannochloropsis* und *Tetraselmis*. *Brachionus plicatilis* gilt als überaus eiweißreiches Lebendfutter. Bei guter Fütterung sind die Rotiferen mit allen wichtigen Spurenelementen, Mineralien, Omega-3-Fettsäuren etc. versorgt und stellen wiederum selbst ein hervorragendes Futter für marine Larvenstadien dar.

Phytoplankton

Als bisher erfolgreichste Algenarten für die Aufzucht mariner Larven haben sich *Tetraselmis sp., Skeletolema costatum, Isochrysis, Dunaliella tertiolecta, Chaetoceros gracilis* und *Thalassiosira weissflogii* erwiesen.
Die Algen werden in Petrischalen auf Agar-Basis unter sterilen Bedingungen herangezogen. Zur ersten „Anzucht" muss die Schale nur mit sterilem Meerwasser aufgegossen werden und unter Licht 12 bis 24 Stunden inkubiert werden. Danach kann für die Produktion in sogenannten Planktonreaktoren entnommen werden. Mögliche Bezugsadressen sind für Sie am Ende des Buches zusammengestellt (S. 119). Da die Entwicklung steriler Algenkulturen schnell fortschreitet, kann mittlerweile auch auf fertige Algenpasten zurückgegriffen werden. Diese können längere Zeit im Kühlschrank gelagert werden.

Die Crystal Red kann im Aquarium problemlos vermehrt werden.

Crystal Red

Die Krönung jeder Wirbellosenhaltung ist natürlich die erfolgreiche und dauerhafte Nachzucht. Um diese auch zu gewährleisten, gibt es einige simple, aber effektive Möglichkeiten. Gerade in der Crystal Red Zucht konnte man in jüngster Zeit häufig hören, dass in vormals stabil funktionierenden Haltungen und Zuchten plötzlich Tiere verendeten, erst eines, dann einige wenige, bis zum Schluss keines der Tiere mehr lebte, und dies innerhalb kürzester Zeit. Wir müssen uns klarmachen, dass alle Garnelen von Natur aus mit einer Reihe von Pathogenen infiziert sind. Meist handelt es sich um Viren oder Bakterien, professionelle Shrimpzüchter wissen davon ein Lied zu singen. Sie können dagegen nichts tun, es gibt bis heute kein zuverlässiges Heilmittel für Wirbellose (s. Thema Gesundheit, ◉ S. 92 f). Was Sie allerdings leisten können ist, den Tieren ein optimales Milieu zu bieten, um den Ausbruch einer Infektion zu verhindern. Stabile, gesunde und resistente Tiere erhält man, indem man nur hochwertigste Nahrung verfüttert, die Wasserqualität optimiert und häufig einen Teilwasserwechsel durchführt. Dabei sind vitale Tiere nicht – wie so oft verbreitet wird – anfällig für allzu üppigen Wasserwechsel, ganz im Gegenteil, die Tiere werden es Ihnen mit zahlreicher Nachkommenschaft danken. Ein Tipp vorab für das Zuchtbecken: In sterilen Becken wird die Zucht nicht gelingen. Die Mindestbeckengröße sind 50 Liter, nach oben gibt es keine Grenzen. Am besten statten Sie das Aquarium mit einem Hamburger Mattenfilter und leistungsstarker Durchlüftung aus. Gute Erfahrungen habe ich mit Lehmboden gemacht, das sieht zwar nicht so schön aus, ist aber effektiv. Es kann selbstverständlich auch jedes andere Bodensubstrat verwendet werden. Stängelpflanzen haben sich nicht unbedingt bewährt, da beim Rückschnitt häufig sekundäre Pflanzeninhaltsstoffe freigesetzt werden, die schon zu Vergiftungserscheinungen geführt haben. Javamoos hat sich als probate Bepflanzung in den meisten Zuchten durchgesetzt. Auch das sehr begehrte Monosolenium tenerum und der noch seltenere Süßwassertang sind gute

Oft tragen die Redfire-Weibchen alle vier bis acht Wochen 30 Jungtiere aus.

Die Tigergarnele gehört zu den sehr produktiven Arten.

Bodendecker, die den Garnelen üppigen Weideplatz bieten. Eine gute Beleuchtung, schon allein zur Unterstützung des Pflanzenwachstums, sollte angeschafft werden. Temperaturbereich von 23 bis 28 °C, hier kommt es auf Ihren Zuchtstamm an. Stammen die Tiere aus niedrig temperierten Zuchten, dann halten Sie diese auch ein. Fragen Sie nach, ansonsten müssen Sie etwas experimentieren. Bei Temperaturen jenseits der Wohlfühlgrenze zeigen die Tiere blasse Farben. Erhöhen bzw. senken Sie die Temperaturen gegebenenfalls, bis die Tiere satte rot-weiße Bänderung zeigen. Seemandelbaumblätter und Herbstlaub gehören in jedes Zuchtbecken. Beginnen Sie bei der Crystal Red Zucht nicht mit zu wenigen Tieren, die Garnelen fühlen sich in Gruppen viel wohler und regen sich auch gegenseitig zur Fortpflanzung an. Eine „Starterpopulation" von 20 Tieren ist durchaus angemessen.

Redfire

Gut genährte Tiere pflanzen sich oft schon nach drei Monaten fort. Die Weibchen können alle vier Wochen Eier tragen, aus denen nach weiteren drei bis vier Wochen ca. 30 Jungtiere schlüpfen, die sofort selbstständig Nahrung aufnehmen. Die Eifarbe variiert von Gelb bis Grün. Die Larven benötigen im Gegensatz zur ebenfalls sehr beliebten Amano-Garnele kein marines Larvenstadium und gehen direkt zur bodengrundgebundenen Lebensweise über. Bei der Aufzucht der juvenilen Garnelen brauchen Sie nichts Besonderes zu beachten, die obligatorische Mulmecke bzw. der HMF helfen den Jungtieren, an ausreichend Kleinstorganismen zu kommen.

Tigergarnele

Eine sehr produktive Art, die alle 6 Wochen ca. 20–40 Jungtiere entlässt. Die Zeitigungsdauer der Eier beträgt je nach Wassertemperatur um die drei Wochen. Nach der Entlassung der jungen Garnelen setzt das Weibchen oft nach kurzer Zeit wieder Eier an. Dies kann in einem Jahr bis zu viermal geschehen. Danach legen die Tiere eine meist drei- bis viermonatige Pause ein, um dann evtl. nochmals Eier zu produzieren. Nachhelfen kann man, indem man die Tiere nach ihrem letzten Gelege in ein neues Aquarium setzt. Durch die rasch herbeigeführten Veränderungen der biotischen sowie der abiotischen Parameter lässt sich das Weibchen meist nochmals zu einem erneuten Laichansatz „überreden".

Bei dieser Grünen Zwerggarnele sieht man deutlich die Eier unter dem Abdomen.

Grüne Zwerggarnele

Die Nachzucht der Grünen Zwerggarnele gelingt nicht jedem. Häufig wollen die Tiere sich einfach nicht fortpflanzen, bei anderen explodiert förmlich der Bestand. Wichtig zur produktiven Zucht scheint eine relativ hohe Temperatur von mindestens 26 bis 30 °C zu sein! Das Zuchtbecken sollte gut mit Javamoos, Teichlebermoos etc. bepflanzt sein. Ohne starken Mulmbelag bzw. einen starken Pflanzenwuchs ist eine Zucht nur schwer zu verwirklichen. Häufige Teilwasserwechsel (zweimal wöchentlich) über zwei Wochen stimulieren die Weibchen zur Häutung und damit zur Paarung. Die Jungtiere sind wesentlich kleiner als z.B. die von Bienen- oder Tigergarnelen, dementsprechend muss für genügend Aufwuchsnahrung (Einzeller, Zoo- und Phytoplankton in allen Größen) gesorgt werden. Es ist bis heute noch nicht ganz geklärt, ob die Jungtiere der Grünen Zwerggarnele ein sehr kurzes phelagisches (frei schwimmendes) Stadium durchmachen oder ob sie direkt zur benthischen (bodengrundgebundenen) Lebensweise mit funktionellen Schreitbeinen übergehen. Es ist wohl beides der Fall, wie anders lassen sich die äußerst kontroversen Zuchtberichte deuten? Das erlaubt aber die Schlussfolgerung, dass es sich eben doch nicht nur um eine einzige Art handelt!

Hummelgarnele

Nachzuchten sind meist nicht so ohne Weiteres zu bekommen. Oftmals dauert es relativ lange, bis die Weibchen Eier ansetzen und Jungtiere herumschwimmen. Ein Weibchen setzt meist nicht mehr als zwei- bis dreimal pro Jahr je ca. 20 braun gefärbte Eier an. Die vollständig entwickelten Junggarnelen schlüpfen nach ca. vier Wochen. Achten Sie auf ausreichend Nahrung (Filtermulm) im Becken, da ansonsten die Jungtiere nur schleppend wachsen.

Die Larven der Amanogarnele entwickeln sich nur im Salzwasser.

Die Weißperlengarnele kann schon mit drei Monaten Nachwuchs hervorbringen.

Amano-Garnele

Die Zucht der Amano-Garnele gehört zu den schwierigsten unter den Zwerggarnelen, da sie ein marines Larvenstadium hat. Trotzdem ist sie möglich, erfordert allerdings viel Zeit, Erfahrung und vor allen Dingen eine gehörige Portion Glück. Meist kommen nur einige wenige Prozent der ursprünglich geschlüpften Larven ins Postlarvalstadium. Da das Thema Amano-Nachzucht doch sehr viele Wirbellosenfreunde berührt, behandle ich die Entwicklungsstadien der marinen Larvenstadien auf Seite ◎ 105 f.

Weißperlengarnele

Alle vier Wochen kann mit Nachwuchs gerechnet werden. Die Weibchen sind sehr gut an den während der Reproduktionsphase durchscheinenden Ovarien zu erkennen. Die Eifarbe ist Weiß, kann aber auch ins Gelbliche gehen. Nach ca. 20 Tagen schlüpfen fertig entwickelte Jungtiere. Mit drei Monaten können die Tiere schon geschlechtsreif sein, sind aber noch nicht ausgewachsen.

Rote Nashorngarnele

Die Rote Nashorngarnele paart sich zwar im Süßwasser und bebrütet auch in diesem ihre Eier, die geschlüpften Larven benötigen jedoch wie bei der Amano-Garnele nach einigen Tagen Dottersackstadium Meerwasser.

Blaue Monsterfächergarnele

Die Nachzucht ist bisher nur unter Laborbedingungen gelungen, nicht jedoch bei Privatleuten. Da die Larven beim Schlupf wesentlich größer sind, als das z.B. bei Caridina multidentata der Fall ist, sollte die Nachzucht eigentlich problemloser funktionieren. Die Larven durchlaufen ein marines Larvalstadium und messen nach dem Schlupf ca. 2 mm.

In Gefangenschaft ist die Molukkengarnele noch nicht nachgezüchtet worden.

Das Männchen einer Amerikanischen Fächergarnele.

Molukkenfächergarnele

Über eine erfolgreiche Nachzucht in Gefangenschaft ist ebenso wenig bekannt wie bei den anderen Fächergarnelen der Gattung *Atya*. Wahrscheinlich ist der ernsthafte Versuch einer Nachzucht bisher auch noch nicht durchgeführt worden. Solange die Tiere noch in solch hoher Stückzahl zu einem relativ geringen Preis erhältlich sind, wird sich daran auch so schnell nichts ändern.

Amerikanische Fächergarnele

Wie bei allen Fächerhandgarnelen ist die Nachzucht im Aquarium bisher noch nicht gelungen.

Gestreifte Langarmgarnelen

Es werden bis zu 3.000 schwarz-braune Eier angesetzt, die bei Temperaturen um 24 °C innerhalb von 20 Tagen schlüpfen. Es handelt sich um Garnelen des ursprünglichen Typs: Die Nauplien migrieren mit der Strömung zuerst ins Brackwasser, anschlie-ßend ins Meer. Hier erfolgt ein pelagisches (freischwimmendes) Larvenstadium, bei dem die Tiere zuerst auf Phytoplankton, danach auf Zooplankton angewiesen sind. Mit einer Größe von ca. 20 mm wandern die nun fertig entwickelten Junggarnelen in die Bäche und Flüsse zurück.

Ringelhandgarnele

Ringelhandgarnelen entlassen nach einer Entwicklungszeit von zwei bis drei Wochen, je nach Wassertemperatur, 30 bis 80 fertig entwickelte Junggarnelen. Der Kannibalismus ist sehr stark ausgeprägt, es werden also nie zu viele Tiere im Becken schwimmen.

Die Jungtiere des Florida Lobster sind durch Kannibalismus gefährdet.

Der Marmorkrebs vermehrt sich problemlos und schnell im Aquarium.

Florida Lobster

Beim Zusammentreffen von Männchen und Weibchen kommt es normalerweise direkt zur Paarung, vorausgesetzt, die Männchen sind in der körperlichen Verfassung dazu. Das Männchen ergreift das paarungswillige Weibchen an den Scheren und dreht es auf den Rücken. Danach kommt es zur Übergabe der Spermien.

Normalerweise sollte innerhalb einer Woche das Gelege des Weibchens zu sehen sein. Nach ca. drei Wochen schlüpfen die Jungtiere. Man sollte spätestens jetzt viele gute Versteckmöglichkeiten ins Becken einbringen, ansonsten wird man den Großteil der Nachzucht durch Kannibalismus verlieren.

Amerikanischer Sumpfkrebs

Die Zucht ist bei Temperaturen ab 20 °C problemlos möglich. Es können bis zu 300 Jungtiere schlüpfen, sorgen Sie deshalb schon im Voraus für genügend Aufzuchtbecken. Weibchen können unter guten Bedingungen bis zu dreimal jährlich Gelege austragen. Jungtiere wachsen bei häufigem Wasserwechsel sehr schnell heran.

Marmorkrebs

Die Art züchtet sich von selbst ohne größeres Zutun. Alle sechs Wochen können bis zu 100 Jungtiere entlassen werden.

TIPP

Orangenzwergkrebse züchten
Die erfolgreiche Haltung und Zucht der Orangenzwergkrebse steht und fällt mit den Wasserwechselintervallen. Je öfter Sie das Wasser wechseln und je mehr Sie dabei austauschen, desto häufiger werden Sie mit Nachwuchs belohnt. Wer darüber hinaus noch viel Sauerstoff ins Becken „pumpt", wird zusätzlich auch keine Häutungsprobleme mehr feststellen.

Häufige Wasserwechsel fördern die Paarungsbereitschaft der Orangenzwergkrebse.

Orangenzwergkrebs

Die Geschlechtsreife tritt beim CPO aufgrund des geringen Lebensalters relativ früh ein. Zwischen dem dritten bis vierten Monat und mit einer Gesamtlänge von 20–25 mm werden die Tiere geschlechtsreif, dies ist jedoch auch stark vom Ernährungszustand abhängig. Kurz nach der letzten Häutung der Weibchen werden diese vom Männchen verfolgt und meist mit „Gewalt" auf den Rücken gedreht. Das Männchen übergibt nun mit seinen Begattungsgriffeln ein Spermapaket in Form einer Spermatophore in die Nähe der weiblichen Geschlechtsöffnung. Nach ca. 4–30 Tagen (sehr abhängig von der Wassertemperatur etc.) erfolgt der Ausstoß der Eier. Das Weibchen stößt die Eier mit Hilfe einer schleimartigen Masse (dem sogenannten Schleimzelt) ab, die die verhärtete Spermatophore des Männchens langsam enzymatisch auflöst. Dann findet schließlich die eigentliche Befruchtung der Eier statt. Die Eier werden dann vom Weibchen durch Proteinfäden an ihre Pleopoden (Schwimmbeine) geklebt. Nach dem Vorgang der Eiabgabe (meist um die 20–60 Eier, ist vom Habitus des Weibchens abhängig) erfolgt die eigentliche Arbeit für das Weibchen. Sie muss die Eier mit Sauerstoff versorgen, was durch ständige Ruderbewegungen der Schwimmbeine geschieht. Außerdem werden vom Weibchen unbefruchtete bzw. abgestorbene Eier und Embryonen entfernt, um eine Verpilzung des gesunden Geleges zu verhindern. Nach ca. drei Wochen schlüpfen aus den anfangs grün-gelben Eiern fertig entwickelte kleine Ebenbilder der Eltern.

Red Claw

Die reproduktive Phase beginnt schon am Ende des ersten Lebensjahres. Größere Weibchen können bis zu 1.500 Eier tragen, jedoch kommt nur ein wesentlich geringerer Teil durch. Kannibalismus ist unter Jungtieren stark ausgeprägt. Während des Reproduktionszyklus kann ein Weibchen bis zu dreimal im Jahr Eier austragen. Bei 27 °C beträgt die Entwicklungszeit der Embryonen ca. 42 Tage. Schlüpfende Krebse verbringen noch ein bis zwei Tage an den Pleopoden des Muttertiers und verlassen es erst mit ca. 4 mm. Zur Aufzucht der Jungkrebse müssen Sie unbedingt die Tiere auf mehrere Becken verteilen, da es sonst zu starken Verlusten durch Kannibalis-

Der Red Claw kann sich bis zu dreimal im Jahr fortpflanzen. Die Eier trägt das Weibchen unter dem Abdomen.

mus kommt. Eine dicke Schicht Herbstlaub hilft den Jungkrebsen, genügend Nahrung zu finden.

Yabby

Yabbys sind sehr produktive Krebse! Die Weibchen können unter optimalen Bedingungen, also bei hohen Wassertemperaturen, guter Sauerstoffsättigung und optimaler Ernährung drei- bis fünfmal pro Jahr brüten. Nachzuchttiere, die schon über Generationen in Gefangenschaft gehalten wurden, haben ihren natürlichen Reproduktionsrhythmus verloren und vermehren sich das ganze Jahr. Je nach Größe des Weibchens werden zwischen 30–500 Eier an die Schwimmbeine geklebt. Das Männchen heftet das Spermapaket in die Nähe des weiblichen Eileiters. Wenn die Eier dann austreten, werden sie vom Weibchen besamt. Wiederum temperaturabhängig schlüpfen die noch nicht fertig entwickelten Jungkrebse nach 19–40 Tagen aus dem Ei. Nach drei weiteren Entwicklungsstadien (weitere drei bis vier Wochen) sind die Jungkrebse dann völlig unabhängig von ihrer Mutter und verlassen sie. Aufgrund erhöhten Kannibalismus während des Häutungsstadiums sollte nun für ausreichend Versteckmöglichkeiten in Form von Höhlen, Pflanzen, löchrigen Ziegelsteinen etc. gesorgt werden. Auch muss nun kräftig gefüttert werden (z.B.Wasserflöhe, Grindal, Frostfutter, Erbsen, Lupinen, Laub), und ein wöchentlicher Teilwasserwechsel (50 %) lässt die Jungtiere gut abwachsen. In der Speisekrebszucht werden pro Quadratmeter „nur“ etwa vier bis acht Juvenile als optimaler Bestand angesehen. Sie sehen also, vor welchen Platzproblemen Sie bei einem etwaigem Zuchterfolg stehen.

Tigerkrebse

Tigerkrebse werden mittlerweile sehr gut nachgezüchtet. Selbst dem Anfänger sind beste Nachzuchterfolge sicher. Wichtig ist ein häufiger Wasserwechsel mit abweichenden Temperaturen zum Aquarienwasser. Dies stimuliert die Häutung der Weibchen, die nur nach der Häutung zur Paarung bereit sind. Paarungsabläufe wurden meines Wissens nach noch nicht dokumentiert, diese finden wohl nur nachts oder zurückgezogen in Höhlenverstecken statt.

Das Weibchen des Sternkrebs ist bei der Partnersuche wählerisch.

Der Aprikosenkrebs braucht eine lange Eingewöhnungsphase vor der Zucht.

Sternkrebs

Die Zucht ist vereinzelt geglückt, setzt aber viel Geduld und häufigen Wasserwechsel voraus. Über die Eizahl und die Zeitigungsdauer liegen zurzeit noch keine Informationen vor. Blue Moon Krebse scheinen bei der Paarbildung relativ anspruchsvoll zu sein, häufig akzeptieren die Weibchen nur ganz bestimmte Männchen und trotz Paarungsbereitschaft kommt es zu keiner Paarung.

Aprikosenkrebs

Importtiere benötigen oft sehr lange, bis das erste Gelege produziert wird. Die Fortpflanzung kann man etwas unterstützen, indem man zwei- bis dreimal wöchentlich für ca. zwei Wochen 20–30 % des Aquarienwassers gegen 2–3 °C wärmeres Wasser tauscht. Falls nach drei Wochen keine Eier zu sehen sind, sollte die Prozedur nach sechs Wochen wiederholt werden. Die Zucht ist wenig ergiebig: 30–60 Eier sind oft das Maximum. Die Entwicklungszeit der Eier kann als äußerst schleppend beschrieben werden, denn bei relativ hohen 28 °C benötigen die Eier immerhin fast acht Wochen bis zum Schlupf! Jungtiere sind untereinander wesentlich friedlicher als das bei anderen Cherax-Verwandten der Fall ist, trotzdem sollten Sie für ausreichend Versteckmöglichkeiten sorgen.

Purpurprachtkrebs

Prachtkrebse gehen sehr friedlich mit ihren Artgenossen um, insbesondere mit den Weibchen. Die Zucht glückt bei dieser Art relativ gut, die Geschlechtsreife kann schon ab 50 mm erreicht sein. Bei einer Beckenlänge von einem Meter und häufigem Wasserwechsel sollten die Pärchen anstandslos Gelege produzieren. Die neu eingeführten Cherax-Arten brauchen anscheinend für die Entwicklung der Eier relativ viel Zeit, dies sollte berücksichtigt werden. Hantieren Sie während der Brutzeit nicht zu viel im Becken herum, sonst kann es sein, dass die Tiere ihre Eier vernachlässigen oder sogar abstreifen.

Ziegelroter Papuakrebs

Die Art wird in Asien mittlerweile in hoher Stückzahl nachgezüchtet. In heimischen Aquarien ist die Zucht aber noch nicht sehr verbreitet. Die ersten Zuchtberichte werden wohl in einiger Zeit in den Aquaristikfachzeitschriften veröffentlicht werden.

Garnelen brauchen beim Versand etwas zum Festhalten, sonst ist der Stress zu groß.

Versenden Sie die wehrhaften Krebse nur einzeln verpackt.

Jeder, der Krebse oder Garnelen züchtet, wird früher oder später Jungtiere abgeben wollen. Dies geschieht meist auf dem Wege von Aquaristikbörsen, dem Zoofachhändler um die Ecke oder im Bekanntenkreis. Wer allerdings eine größere Menge „loswerden“ muss, inseriert in den mittlerweile zahlreichen Internetbörsen. Vielfach bleibt als einzige Möglichkeit, die Tiere abgeben zu können, der Versandweg.

Versand von Garnelen

Besorgen Sie sich eine Styroporkiste (Zoomärkte, Apotheken etc.), Fischtransportbeutel mit abgeschrägten Ecken, Gummis zum Verschließen der Beutel und Klebeband. Die Styroporkiste füllen Sie locker mit zerknülltem Zeitungspapier. In die Transportbeutel geben Sie 30 % Aquarienwasser, der Rest sollte atmosphärische Luft oder besser reiner Sauerstoff sein (bei häufigerem Versand macht sich die Anschaffung einer kleinen Sauerstoffflasche bezahlt). Ein wenig Javamoos oder Gewebegitter, damit sich die Tiere festhalten können, dann die Tiere vorsichtig in den Beutel leeren. Verschließen Sie den Beutel mit einem Gummiband und zur Sicherheit noch mit Klebeband. Jetzt kann es auf die Reise gehen. Expresssendungen sind garantiert am nächsten Tag beim Empfänger, andere Versandweisen sollten aufgrund der ungewissen Dauer nur bedingt genutzt werden.

Versand von Krebsen

Der Versand von Krebsen läuft ähnlich, nur sollten Sie die Tiere einzeln in kleinere Beutel verpacken, da beim Versand von mehreren Tieren in demselben Behältnis oft tote oder verstümmelte Exemplare ankommen. Sie können auch Salatbecherdosen, gefüllt mit einer Lage feuchtem Zellstoff verwenden und die Tiere feucht versenden. Feucht können die Tiere maximal bis zu einer Woche transportiert werden, hier ist aber sehr wichtig, dass das abhängig von Temperatur und Sauerstoffgehalt ist!

ABDOMEN ▸ Beweglicher Hinterleib der Krebstiere.

AUTOTOMIE ▸ Bei Gefahr kann eine Gliedmaße abgeworfen werden. Sie wächst bei der nächsten Häutung nach.

CARAPAX ▸ Der Rückenschild der Krebstiere, er bedeckt Kopf und Rumpf.

ECDYSIS ▸ Häutung.

ECDYSON ▸ Das Hormon, das die Häutung auslöst.

ENDOPODIT/EXOPODIT ▸ Alle Beine der Krebstiere bestehen ursprünglich aus 2 „Ästen", dem äußeren (Endopodit) und inneren (Exopodit), Bild Seite 17.

EXOSKELETT ▸ Außenskelett, das eine stabile Hülle um den Körper bildet. Es ist kein Innenskelett vorhanden.

EXUVIE ▸ Wird bei der Häutung abgestoßen und oft als Nährstoffquelle gleich wieder gefressen.

FUNICULUS-FÄDEN ▸ Damit heften brutpflegende Krebstiere ihre Eier an die Schwimmbeine.

HÄMOZYANIN ▸ Der Blutfarbstoff der Krebstiere.

MYSIS ▸ Das letzte Larvenstadium der Krebsstiere.

NAUPLIE ▸ Das erste Larvenstadium der Krebstiere.

PATHOGENE ▸ Krankheitserreger.

PEREOPODEN ▸ Die Lauf- bzw. Schreitbeine.

PHEROMONE ▸ Sexuallockstoffe, die von Männchen oder Weibchen zur Partnersuche eingesetzt werden.

PHYTOPLANKTON ▸ Sehr kleine Algen, die frei im Wasser schweben und größeren Organismen als Nahrungsgrundlage dienen.

PLEOPODEN ▸ Schwimmbeine an der Unterseite des Abdomens.

POSTLARVE ▸ Entwicklungsstadium der Krebstierlarven, bei dem alle Merkmale eines erwachsenen Tiers vorhanden sind (bis auf die Größe).

PROTOZOEN ▸ Einzellige Organismen.

PTERYGOSTOMIALWINKEL ▸ Der untere, vordere Rand des Carapax.

SPERMATOPHORE ▸ Samenpaket, das vom Männchen ans Weibchen übergeben wird.

TELSON ▸ Das letzte Segment am Abdomen, hier liegt der After und der Eiablageapparat.

ZOOPLANKTON ▸ Tierisches Plankton, bestehend aus verschiedensten Larven von Krebstieren, Einzellern, Stachelhäutern etc.

ZUM WEITERLESEN

Bücher

Dreyer, Stephan und Rainer Keppler: Das neue Kosmos Buch der Aquaristik. Fische, Pflanzen, Wasser, Technik.
Kosmos, 2006.
Mit 120 Fisch- und 40 Pflanzenporträts. Extra: Wirbellose im Aquarium.

Gay, Jeremy:
1 x 1 der Aquaristik. Ausstattung, Technik, Pflege.
Kosmos, 2007.
Der kompakte Leitfaden, um Schritt für Schritt ein Aquarium einzurichten. Extra: Meerwasseraquarien einrichten.

Hiscock, Peter:
Aquarien gestalten nach dem Vorbild der Natur.
Kosmos, 2004.
Der ideale Leitfaden für die Gestaltung von Biotop- und Landschaftsbecken.

Kasselmann, Christel:
Pflanzenaquarien gestalten. Planen, pflanzen, pflegen. 100 Pflanzenarten auf einen Blick.
Kosmos, 2006.
Damit der Unterwasser-Dschungel Wirklichkeit wird.

ZUM WEITERKLICKEN

sn2000.taxonomy.nl
Hier finden Sie Erläuterungen zur Taxonomie

www.aquaticeco.com
Aquaristikbedarf

www.crusta10.de

www.flmnh.ufl.edu/malacology/fl-snail/snails1.htm
Hier finden Sie Informationen zu Süßwasserschnecken in Florida

www.garnelenforum.ch

www.garnelenforum.de

www.garnelenzucht.de

www.innovativeaqua.com
Aquakulturbedarf

www.suesswasserkrebse.de/

www.vetpharm.unizh.ch/giftdb/indexwuc.htm

www.wirbellose.de

www.newoac.com
Die neue Homepage des Autors in Venezuela.

ADRESSEN

Bezug von Mikroorganismen zur Aufzucht mariner Larvenstadien

www.zc-aquarientechnik.de

Canadian Centre for the Culture of Microorganisms (CCCM), www.botany.ubc.ca/cccm/index.html

Centro des Investigaciones Biológicas del Noroeste (CIBNOR, Mexico), www.cibnor.mx

Provasoli – Guillard National Center for Culture of Marine Phytoplankton (CCMP), ccmp.bigelow.org

University of Texas at Austin, http://www.utexas.edu

University of Toronto Culture Collection of Algae and Cyanobacteria, www.botany.utoronto.ca/utcc

The Culture Collection of Algae & Protozoa (CCAP), www.ccap.ac.uk

Verbände

Verband deutscher Vereine für Aquarien- und Terrarienkunde e.V.
Hans und Ingrid Stiller
Luxemburger Straße 16
D-44789 Bochum
Tel.: +49 (0) 234 / 38 16 50
Fax: +49 (0) 234 / 38 25 90
www.vda-online.de

Abdomen 96
Algengarnele 24, 29
Alleni 42
Alter 104
Amano-Garnele 29
Annulus ventralis 38
Aprikosenkrebs 51
Artbecken 59
Artbegriff 10
Astacopsis gouldi 40
Atya gabonensis 32
Atya margaritacea 35
Atya scabra 35
Atyopsis moluccensis 34
Atyopsis spinipes 34
Außenskelett 96
Autotomie 97

Bakterien 56
Balzrituale 101
Barsche 58
Beleuchtung 65
Bergwassergarnele 34
Bestandsdichte 60, 89
Bienengarnele, Rote 22
Biotopaquarium 58
Biotoptypen 7
blue fan shrimp 32
Blutfarbstoff 81
Borstenhandgarnele, Blaue 32
Brutpflege 102
bumble bee shrimp 28

Cambarellsu diminutus 38
Cambarellus patzcuarensis 44
Cambaridae 38
Carapax 13, 96
Caridina japonica 29
Caridina multidentata 29
Caridina cf. babaulti var. 'Green'27
Caridina cf. breviata 28
Caridina cf. cantonensis var. 'Tiger' 25
Caridina sp. 22
Ceylongarnele, Grüne 27
Cherax destructor 47
Cherax holthuisi 51
Cherax quadricarinatus 46
Cherax sp. 'Orange ' 51
Cherax sp. 'Red Brick' 53
Cherax sp. var. 'Blue Moon' 50
Cherax sp. var. 'Hoa Creek' 52
Cherax sp. var. 'Tiger' 49
Clarki 43
CR 22
Crystal Red Bienengarnele 22

Destruenten 61
Detritus 56, 84
Dugesia gonocephala 94

Ecdysis 96
Ecdyson 16
Eier 100ff
Einfahren 56
Eingewöhnung 70
electric blue hummer 42
Endopodit 13
Entwicklungsstadien 105f
Erlenzapfen 81
Exoskelett 96
Exuvie 96

Fächergarnele, Amerikanische 35
Fangschirm 17
Filter 61
Filtration 17
Florida Lobster 42
Flubenol 95
Formenwandel 40
Fortpflanzung 41, 100
Friedfische 73
Frostfutter 86
Funiculus-Fäden 101
Fütterung 86

Gabun-Riesenfächergarnele 32
Garnelenzucht 108
Garnele, Gebänderte 28
Gattungsname 10
Gesamthärte 79
Gesellschaftsbecken 58
Giant freshwater shrimp 32
Gonopode 38
green shrimp 27

Guppygarnele 24

Hamburger Mattenfilter 62
Hämozyanin 81
Härtegrade 79
Häutung 16, 96
Heilmittel 92
Heizung 65
Hohlziegelsteine 102
Huminsäuren 9, 64
Hummelgarnele 28
Hummer, Blauer 42
Hummer, Roter 43

Identifikationsnummern 10
Individuendichte 60
Internetversandhandel 69
Invasionsgarnele 59

Japan-Garnele 29

Kannibalismus 89, 102
Karbonathärte 79
Klettern 59
Krankheitsvorsorge 92

Langarmgarnele, Gestreifte 36
Langnasengarnele 31
Larven 106
Laub 85
Lebenserwartung 104
Leitwertmesser 78
Lobster, Amerikanischer 43
Lobster, Oranger 44

Macrobrachium assamense 37
Macrobrachium carcinus 36
Mandarinenkrebs 44
Mangelzeiten 64
Marmorkrebs 44
Melaleuca alternifolia 94
Migration 64
Mineralisierung 61, 78
Molukken-Fächergarnele 34
Monsterfächergarnele, Blaue 32
Mückenlarven 86
Mysis 105f

Nackenfleck 23
Nagerpellets 88
Nahrungsfilterung 17
Nashorngarnele, Rote 31
Nauplie 105f
Neocaridina cf. zhangjiajiensis sp. 'White Pearl' 31
Neocaridina heteropa var. 'Red' 24
Nitrat 61
Nitritpeak 81

Orangenzwergkrebs 44

Paarung 38, 76, 100
Panzer 13, 96
Papuakrebs, Ziegelroter 53
Pathogene 92
Patzcuaro-Zwergkrebs 44
Pellets 88
Pheromone 100
Phytoplankton 107
Pilzbefall 93
Planarien 94
Pleopoden 13
Postlarve 105
Procambarus alleni 42
Procambarus clarkii 43
Procambarus sp. 44
Protozoe 105f
Pterygostomialwinkel 13
Purpurprachtkrebs 52

Quarantäne 92

Radargarnele, Blaue 32
Red Cherry 24
Red Crystal 22
Red-Claw 46
Redfire Zwerggarnele 24
Regenzeit 9
Ringelhandgarnele 37
Roter Lobster 43
Rotscherenkrebs 46
Rückenstrichgarnele 27

Salinität 78
Salze 79

Samenpaket 41
Sauerstoff 63
Säuregrade 80
Schwimmbeine 13
Scindapsus pictus 58
Seemandelbaumblätter 81, 93
Sexuallockstoffe 16, 100
Spermatophore 41
Starterbakterien 56
Startzahl 60, 69
Steingarnele 34
Sternkrebs 50
Stoffabbau 57, 78
Stress 97, 103
Strömung 63
Sumpfkrebs, Amerikanischer 43

Tabs 86
Takashi-Garnele 29
Taxonomie 10
TDS 78
Teebaum 94
Terminalia catappa 93
Tigergarnele 25
Tigerkrebs 49
Torf 80
Trockenfutter 86
Trockenzeit 8
Tubifex 86
Turniergarnele 24

Überbesatz 103
Umkehrosmose 80

Verdrängung 59
Vergesellschaftung 72
Versand 117

Wanderung 64
Wasseraufbereiter 77
Wasserpflanzen 66
Wasserqualität 76
Weißperlengarnele 30
Welse 58
Wildfänge 68

Yabby 47
Yamatonuma-Garnele 29

Zebragarnele 28
Zebrakrebs 49
Zerstörer 47
Zooplankton 107
Züchter 70
Zwerggarnele, Grüne 27
Zwerggarnelen 12

IMPRESSUM

Bildnachweis
Alle 153 Farbfotos wurden von Christian W. Hofstätter extra für dieses Buch aufgenommen. Weitere Fotos: Burkard Kahl (S. 58, 72, 73 rechts oben).

Impressum
Umschlaggestaltung von eStudio Calamar unter Verwendung von Farbaufnahmen von Burkard Kahl und Christian W. Hofstätter

Alle Angaben in diesem Buch erfolgen nach bestem Wissen und Gewissen. Sorgfalt bei der Umsetzung ist indes dennoch geboten. Verlag und Autor übernehmen keinerlei Haftung für Personen-, Sach- oder Vermögensschäden, die aus der Anwendung der vorgestellten Materialien und Methoden entstehen können.

Unser gesamtes lieferbares Programm und viele weitere Informationen zu unseren Büchern, Spielen, Experimentierkästen, DVDs, Autoren und Aktivitäten finden Sie unter **www.kosmos.de**

FSC
Mix
Produktgruppe aus vorbildlich bewirtschafteten Wäldern, kontrollierten Herkünften und Recyclingholz oder -fasern
Zert.-Nr. SGS-COC-004278
www.fsc.org
© 1996 Forest Stewardship Council

Gedruckt auf chlorfrei gebleichtem Papier

ISBN 978-3-440-10471-2
Projektleitung: Angela Beck
Redaktion: Valeska Schwarz
Gestaltungskonzept: eStudio Calamar
Produktion: Eva Schmidt
Printed in The Czech Republic / Imprimé en République Tchèque